MELANIE REINHART

Die Mondknoten

Standardwerke der Astrologie

MELANIE REINHART

Die Mondknoten

Das innere Gleichgewicht im Horoskop

ISBN 3-925100-41-5

2. Auflage 2005

Deutsche Erstausgabe
Aus dem Englischen von Karl Friedrich Horner

Umschlag: Walter Schneider

Swantje részére

Zu beziehen über den Buchhandel oder direkt beim
Chiron Verlag, Postfach 1250, D-72002 Tübingen
www.chironverlag.com

In liebevoller Erinnerung
an Richard Aisbitt,
einen wahren Freund
und hervorragenden Astrologen.
Er starb kurz vor
diesem Seminar.

Inhalt

Einführung[1]

Wir werden heute nicht nur einige wohl bekannte Gedanken zum Thema Mondknoten betrachten, sondern ich hoffe, Ihnen neue Ideen, Möglichkeiten, Techniken und Zusammenhänge vorzustellen, mit denen Sie sich selbst weiter beschäftigen können. Ich möchte Sie dazu einladen, alles, was Sie an Neuem kennen lernen, zunächst anhand Ihres eigenen Horoskopes zu untersuchen, um festzustellen, was Sie damit anfangen können. Wenn die Astrologie eine nützliche Hilfe zur Vertiefung unserer Selbsterkenntnis sein soll, dann verankern wir die Techniken und Sichtweisen, die wir erlernen, am besten dadurch, dass wir verstehen, wie ihre Dynamik in unserem eigenen Horoskop, in unserem eigenen Leben funktioniert. Manche von Ihnen haben mich dies sicher schon früher sagen hören.

Zuerst möchte ich Ihnen andeuten, welche Themen ich zu behandeln hoffe. Wir beginnen mit einigen astronomischen Darstellungen, die für das Verständnis der Mondknoten sehr wichtig sind. Wenn Sie einen Planeten erforschen, dann gibt es da ein »Etwas« am Himmel, mit dem wir einen Schatz an mythologischem Material, an Vorstellungen, Bildern und traditionellem astrologischem Wissen assoziieren können; die Planeten sind durchaus gründlich erarbeitet und definiert. Die Mondknoten hingegen sind keine greifbaren »Objekte« am Himmel, und deshalb kommen andere Vorgänge in Ihnen zum Tragen, sobald wir anfangen, uns Gedanken über sie zu machen.

Ich möchte Sie also zuerst mit der Astronomie bekannt

machen und dann einiges Grundlagenwissen über Sonne, Mond und Erde behandeln, da die Mondknoten aus der Beziehung zwischen diesen drei Himmelskörpern bestehen. Danach werden wir die Symbolik und die Bedeutung der Mondknoten betrachten, und ich werde Ihnen einige Möglichkeiten vorschlagen, auf die Sie Ihre Aufmerksamkeit richten können, wenn Sie die Mondknoten im Horoskop untersuchen. Wir werden zudem auf Sonnen- und Mondfinsternisse zu sprechen kommen, obwohl wir einen ganzen Tag bräuchten, um diesem Thema gerecht zu werden. Auch hier wird das Hauptgewicht auf der praktischen Nutzung der vermittelten Information liegen.[2]

Sonne, Mond und Erde

Nun beginnen wir unsere Mondknoten-Reise. Wie Sie bestimmt wissen, bilden die Mondknoten quer über das Horoskop eine Achse mit einem nördlichen und einem südlichen Ende. Man kann sich leicht merken, welches Symbol welches Ende markiert: Der nördliche (aufsteigende) Mondknoten zeigt nach oben, während der südliche (absteigende) eine rezeptive, nach unten weisende Form hat. Die Mondknoten sind rechnerische Größen und stellen die momentane Beziehung zwischen den drei wichtigen Himmelskörpern Sonne, Mond und Erde dar. Man findet sie dort, wo sich die Umlaufbahn der Erde um die Sonne (Ekliptik) mit der Umlaufbahn des Mondes um die Erde schneidet. Wenn Sie diese Punkte im Gedächtnis behalten – Sonne, Mond, Erde –, dann sind Sie darüber im Bilde, was die Achse der Mondknoten thematisch aussagt – obwohl ihre Bedeutung noch darüber hinausgeht, wie wir sehen werden.

Die Äquinoktialpunkte

Die Mondknoten haben, zumindest in der nördlichen Hemisphäre, eine interessante Beziehung zu den Äquinoktialpunkten – also 0° Widder und 0° Waage (Frühlings- bzw. Herbst-Tagundnachtgleiche). Dies sind die Punkte im Jahreslauf, an denen die Sonne den Himmelsäquator zu überqueren scheint, während die Mondknoten jene Punkte darstellen, an denen der

Mond auf seiner Reise um die Erde die Ekliptikebene »durchdringt«. In beiden Fällen ist dies wie eine symbolische »Mittelzone«. Die Symbolik der jahreszeitlichen Wendepunkte, an denen Tag und Nacht sich die Waage halten, könnte zur Bedeutung der Mondknoten im Horoskop hinzukommen. Wie wir noch sehen werden, spielt das Motiv des dynamischen Gleichgewichts bei den Mondknoten eine wichtige Rolle.

Astronomie

Betrachten wir nun eine sehr einfache Darstellung der Mondknoten (Abb. 1). Diese Zeichnung ist so gezeichnet, also ob wir von oben auf das Sonnensystem blicken würden. Die astronomische Wirklichkeit lässt sich nicht so leicht skizzieren, weil diese Kreise hier Ebenen darstellen. Die Ebene der Mondumlaufbahn ist in Wirklichkeit aber um etwa 5° gegenüber der Ekliptik geneigt; die Mondknotenachse könnte also auch in jede andere Richtung zeigen, nicht nur in die hier abgebildete. Sie könnte beispielsweise schräg verlaufen, wie es hier die gestrichelte Linie andeutet. Wenn Sonne und Mond auf der gleichen Seite der Erde stehen, haben wir einen gewöhnlichen Neumond, wenn sie einander gegenüberstehen und die Erde zwischen ihnen ist, haben wir einen gewöhnlichen Vollmond. Zudem wird der Mond recht fern von der Ekliptik sein – mit anderen Worten, er wird sich im fernsten Teil seiner Aufwärts- oder Abwärts-Reise auf dieser kleinen ufo-ähnlichen Scheibe befinden, die seine Erdumlaufbahn darstellt.

Je nach der Jahreszeit und damit der Neigung der Erde im Verhältnis zur Sonne tritt eine Finsternis ein, wenn sich Sonne und Mond ebenfalls in der Nähe der Ekliptik befinden, also in einer Linie mit den Mondknoten stehen. Wir werden Sonnen- und Mondfinsternisse später noch etwas eingehender behandeln. An dieser Stelle möchte ich Ihnen eine einfache Beschreibung der Mondknoten vermitteln, ihren Zusammenhang mit

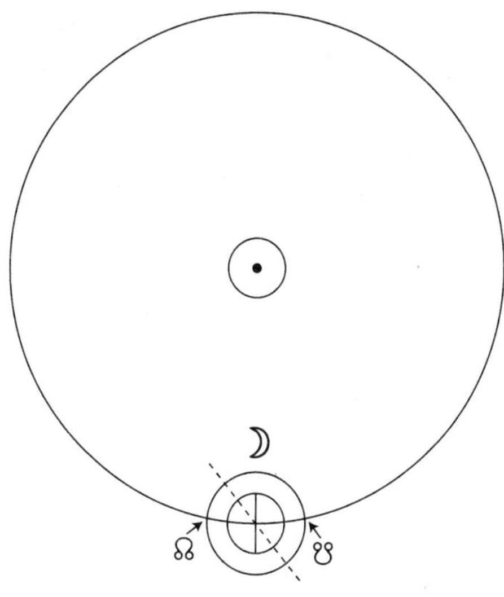

Abbildung 1

den Finsternissen hervorheben und Ihnen zeigen, dass selbst ein oberflächliches Verständnis der Mondknoten ein Geheimnis und komplexe Zusammenhänge offenbaren wird. Es ist, als führten sie uns aus der geordneten Struktur des Sonnensystems und unserer erdverbundenen Sonne/Mond-Identität in etwas, das darüber hinausragt.

Wahrer Mondknoten und mittlerer Mondknoten

Dem Mondknoten schreiben wir gewöhnlich eine gleichmäßige, rückläufige Bewegung um drei Bogenminuten pro Tag zu. Dies gilt tatsächlich für den mittleren Mondknoten, das heißt für den langfristig berechneten Mittelwert der Mondknoten-Positionen. Es ist aber eine Tatsache, dass der wahre Mondknoten, der nicht in allen Ephemeriden aufgeführt ist, in Wirklichkeit hin- und herpendelt und sich manchmal in direkter oder aber in rückläufiger Bewegung befindet. Die beiden Enden der Achsen stehen einander nicht immer unbedingt genau gegenüber. Die wahren Mondknoten können von der Position des mittleren Mondknotens um bis zu mehrere Grade abweichen.

Ich persönlich arbeite mit dem mittleren Mondknoten, der folglich im Mittelpunkt unserer Überlegungen stehen wird. Doch ich halte es für nützlich, auch die Position des wahren Mondknotens zu prüfen, wenn der mittlere Mondknoten in dem Horoskop, das ich betrachte, sehr nahe am Ende oder Anfang eines Zeichens steht, denn hier kann es Unterschiede geben. Auch wenn der transitierende Mondknoten im Begriff ist, von einem Zeichen ins nächste zu wechseln, überschreitet die Position des wahren Mondknotens möglicherweise einige Monate früher oder später die Grenze zwischen den Zeichen. Ebenso wird es zeitliche Unterschiede geben, wenn Sie Transite oder Progressionen zu den Mondknoten betrachten. Wechselt der Mondknoten in der Progression die Zeichen, könnte sich die Differenz in die Dimension von Jahren verschieben, was sehr interessant werden kann! Abgesehen von dieser speziellen Situation, arbeite ich also hauptsächlich mit dem mittleren Mondknoten. Bei Horoskopen jedoch, die ich sehr genau untersuche, möchte ich gerne wissen, wo beide Mondknotenpaare stehen; so kann ich die Transite exakter beobachten, weil dies manchmal die Zeitspanne ausdehnt, in welcher der Transit aktiv ist.

Teilnehmer: Gibt es einen regelmäßigen Rhythmus beim Richtungswechsel des wahren Mondknotens?

Melanie: Wenn Sie die Ephemeriden aufschlagen, werden Sie feststellen, dass er sich meist etwa zwei Wochen lang in eine Richtung zu bewegen scheint, manchmal länger, manchmal kürzer. Gelegentlich wechselt er die Richtung schon bald, nach nur drei oder vier Tagen. Ich habe den Eindruck, dass die Mondknoten häufiger bei zunehmendem als bei abnehmendem Mond rückläufig sind. Es gibt jedoch eine Reihe von Faktoren, darunter auch den Unterschied zwischen der wahren und der mittleren Position des Mondes selbst, die bewirken, dass dies oft nicht der Fall ist.[3]

Denken Sie daran, dass Sonne, Mond und Erde ständig in Bewegung sind, jeder auf seine Weise. Daher kommt dieses Schwanken. Je mehr man darüber nachdenkt, desto unglaublicher erscheint es, dass das Sonnensystem nicht einfach auseinander fliegt! Es gibt zahlreiche dämpfende und ausgleichende Faktoren, die das Sonnensystem so zusammenhalten, wie wir es kennen. All seine Planeten wirbeln auf ihre jeweils eigene Weise umher, und doch können wir ihre Bewegungen vorausberechnen. Es ist wirklich erstaunlich, und wenn man die Mondknoten betrachtet, bekommt man eine gewisse Vorstellung von diesem Geheimnis.

Wollten wir beispielsweise versuchen, einiges davon auf unserer schlichten Skizze darzustellen, müssten wir genau genommen die Neigung der Erdachse wiedergeben, die je nach Jahreszeit in eine andere Richtung weist, das heißt, sich mehr zur Sonne neigt oder von ihr abkehrt. Darüber hinaus rotiert die Erde um ihre eigene Achse, der Mond kreist um die Erde und dreht sich dabei auch um seine Achse, und zwar so, dass er sich im Verhältnis 1:1 zur Erdrotation bewegt. Mit anderen Worten, der Mond dreht sich langsam, synchron mit der Erde, so dass wir von hier aus immer das gleiche Gesicht unseres Trabanten zu sehen bekommen. Die Erde wiederum bewegt sich auf ihrer Bahn um die Sonne dergestalt, dass wir über das ganze Jahr verteilt Schwankungen von Lichteinstrahlung und Temperatur haben, die wir als wechselnde Jahreszeiten wahrnehmen. Die Mondknoten, wie gesagt, sind das rechnerische Produkt der Beziehung zwischen Sonne, Mond und Erde.

Werfen wir nun einen Blick auf Abbildung 2. Dieses Material möchte ich jetzt kurz behandeln, damit Sie sich von den Zusammenhängen der Bewegung unserer Mondknotenachse durch den Tierkreis ein besseres Bild machen können.[4]

Der obere Kreis links ist ein geozentrisches Bild der Erde aus der Vogelschau. Die Erde ist umgeben vom Jahreskreis mit seinen 365 Tagen, den die Sonne jährlich umrundet. Wenn Sie Ihre Aufmerksamkeit nun auf den nördlichen Mondknoten im zweiten Kreis richten, dann erkennen Sie, dass sich die Sonne und der Mondknoten einmal im Jahr begegnen. Nun, die Sonne bewegt sich um knapp 1° pro Tag – die genauere Mathematik können wir hier vernachlässigen –, und der Mondknoten läuft in die entgegengesetzte Richtung. Das ist offensichtlich, denn die Mondknoten sind immer rückläufig, während die Sonne den Tierkreis vorwärts umkreist. Die Sonne bewegt sich in die eine Richtung, die beiden Mondknoten in die andere.

Vor dem Hintergrund des Tierkreises werden sich Sonne und Mondknoten das nächste Mal etwa 18 Tage früher begegnen als bei ihrem letzten Treffpunkt. Darüber hinaus braucht der Mondknoten 18,618 Tage, um rückwärts 1° des Tierkreises abzuschreiten. 18,618 Jahre bilden ein Mondknotenjahr, mit anderen Worten, die Zeit bis zur Wiederkehr des Mondknotens an denselben Punkt. Aber damit nicht genug, der Mondknoten braucht 18,618 Monate, um ein Zeichen des Tierkreises hinter sich zu bringen, was ich doch recht verblüffend fand. Der untere Teil der Illustration handelt von der Ekliptik oder dem drakonitischen Jahr, das 18,618 Tage kürzer ist als ein solares Jahr.

Wenn wir Finsternisse betrachten, verlieren wir zuweilen aus dem Blick, dass wir in Wirklichkeit über eine Ausrichtung von Sonne und Mond mit den Mondknoten sprechen. Diese Information sollte uns vor Augen führen, dass die Finsternis-Zyklen jedes Jahr etwa 18 Tage früher eintreten und somit in unserem Horoskop zweimal jährlich eine bestimmte Achse markieren,

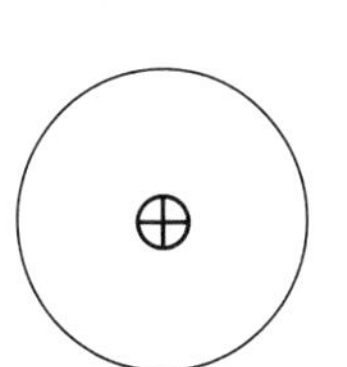

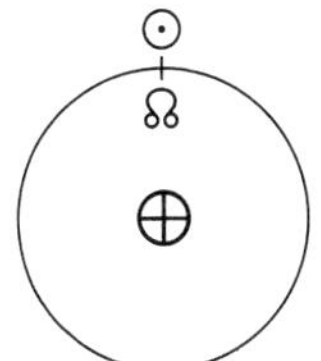

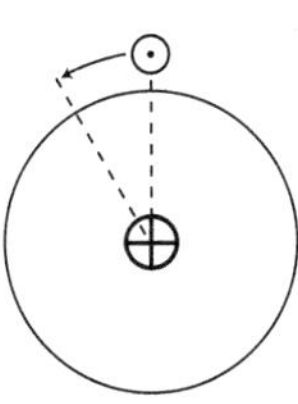

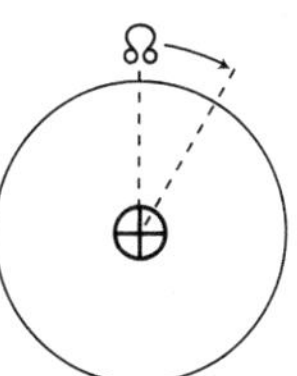

Jahreszyklus

Sonne und Mondknoten begegnen sich

Sonne bewegt sich um 1° pro Tag
$(1° \times \frac{360}{365{,}242})$

Mondknoten bewegt sich um 1° in 18,618 Tagen

18,618 Tage = 1 Mondnoten-Tag
und
18,618 Jahre = 1 Mondknoten-Jahr

Die Mondnoten brauchen 18,618 Monate, um durch ein Tierkreiszeichen zu laufen.

Das Finsternis-Jahr

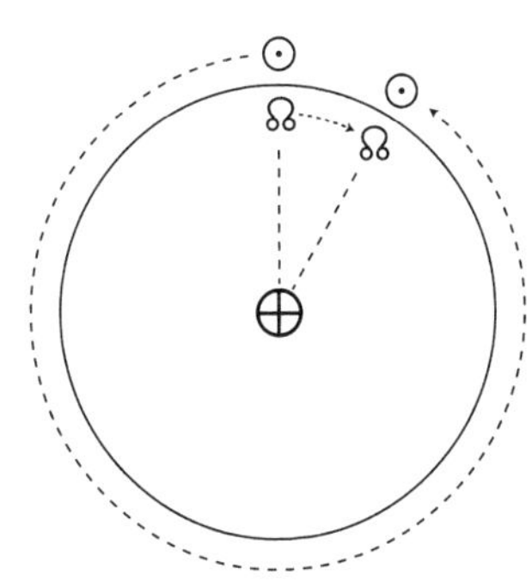

Drakonitische Umlaufperiode =
Finsternis-Jahr = 365,242
– 18,62
= 346,618 Tage

346,618 = 18,618 x 18,618
(oder 18,618^2*)*

Das Sonnen-Jahr hat 19,618 Mondknoten-Tage
Sonnen-Jahr = 18,618 x 19,618
19,618 – 18,618 = 1 (Eins)

Abbildung 2:
Mondknoten-Jahr und Sonnen-Jahr

wenn die Sonne nacheinander eine Konjunktion mit dem nördlichen bzw. südlichen Mondknoten bildet. Das sind die einzigen Zeitpunkte, zu denen Finsternisse eintreten können.

Die astrologischen Glyphen

Wenn Sie an die Sonne und den Mond als die beiden »Himmelslichter« denken, wie sie in der traditionellen Astrologie genannt werden, und sie in eine Beziehung zur Erde setzen, dann erhalten Sie eine Vorstellung davon, wie sich die Symbolik der Mondknotenachse zum Thema der physischen Konzeption oder Inkarnation verhält, zum Produkt der Vereinigung der beiden Gegensätze, männlich und weiblich, die hier durch die Sonne und den Mond symbolisiert werden.

Alle unsere astrologischen Symbole bestehen aus sehr einfachen Komponenten wie dem Kreis, dem Punkt und dem Strich. Der Kreis ist ein Bild der Ganzheit, der Ganzheit des Geistes oder dessen, was nicht in einer Form oder Gestalt ist. Da er »alles« umfasst, schließt er auch das ein, was eine Form oder Gestalt beinhaltet. Er enthält den leeren Raum und symbolisiert die Vollständigkeit, weil er selbst ein umschließendes Rund ist, ein Behälter. In der Astrologie ist das Symbol für die Sonne ein Kreis mit einem Punkt in der Mitte. Damit deuten wir an, dass die Sonne dem individualisierenden Lichtfunke gleicht, der ein größeres Ganzes widerspiegelt.

Auf der physischen Ebene, also auf der Erde, erhalten wir den größten Teil unserer Energie von der Sonne, die im Zentrum unseres Sonnensystems steht. Auf der spirituellen Ebene, so können wir es uns vorstellen, werden wir von einer kleinen Flamme oder einem Lichtfunken beseelt, dessen Ursprung in dem größeren, unnennbaren Licht liegt. Die astrologische Entsprechung dafür ist, dass sich die Sonne und unser Sonnensystem ihrerseits um ein noch größeres Zentrum drehen, das Zentrum unserer Galaxis, der Milchstraße. Tatsächlich befindet sich unser Sonnensystem weit draußen auf einem der Arme ihrer Spirale. Es gibt viele Galaxien, und es ist auch möglich, dass die Milchstraße selbst sich um ein noch größeres Zentrum dreht, das wiederum um ein weiteres, noch größeres rotieren mag… Doch kehren wir zu unserer bescheidenen Sonne zurück. Sie ist wie eine optische Linse oder ein Prisma, durch welches das Licht aus dem Zentrum oder größeren Ganzen, innerhalb dessen sich unser Teil der Welt bewegt, gebrochen wird.

Der Halbkreis, so sagt man, ist das Symbol für die Seele, denn er repräsentiert die Dualität, da er zwei Spitzen hat. Zugleich ist er eine Linie, allerdings mit einem Anfang und einem Ende – im Unterschied zum Kreis, der eine unendliche Linie ohne Anfang und ohne Ende ist. Deshalb symbolisiert der Kreis Ewigkeit, Zeitlosigkeit oder Dinge, die für immer Fortdauer und Bestand haben, also tatsächlich auch über das Zeitliche hinaus. Ein Halbkreis hingegen hat als Linie einen Anfang, eine Mitte und ein Ende. Er verkörpert Zeitlichkeit und ist der Welt der Formen näher, weil er wie alle Formen einen Anfang, eine Mitte und ein Ende hat. Alle Formen haben sowohl eine Dauer in der Zeit als auch eine Dimensionalität im Raume. Je nachdem, wie man ihn zeichnet, kann man sich einen Halbkreis auch als empfangend vorstellen. Senkrecht aufgestellt erscheint er mir wie ein Ohr oder ein Echo, und ich assoziiere »Lauschen«. Wir können ihn auch wie einen Regenschirm zeichnen oder ein Gefäß, aus dem man etwas nach unten ausgießen kann. Sehen wir ihn anders herum, nach oben geöffnet, gleicht er einer bergenden, enthaltenden Schale. Jedes dieser Bilder vermittelt »Empfangen, Sich-Öffnen und/oder Geben«. Ein Halbkreis steht für Austausch, der Kreis jedoch nicht, denn hier gibt es keine Unterbrechung der Linie. Der Kreis ist in sich ganz.

Das Symbol für die Erde ist ein aufrechtes Kreuz innerhalb eines Kreises. Leider wird dieses Symbol oft für den Glückspunkt verwendet, obwohl man inzwischen auch häufig ein Kreuz mit zwei diagonalen Linien sieht. Wenn man das Symbol der Erde über das der Sonne legt, hat der resultierende Kreis

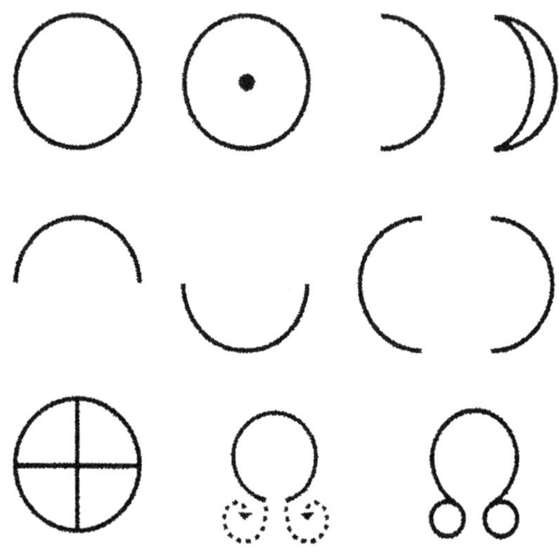

Abbildung 3

immer noch seinen Punkt in der Mitte. Wir können ihn uns aber auch als eine Darstellung der verschiedenen Mondphasen oder vielleicht als die Neigung des Mondes je nach dem Breitengrad denken, von dem aus man den Erdtrabanten betrachtet. Alle Symbole für die Sonne und den Mond sind im Symbol für die Erde enthalten! Wie steht es nun mit dem Symbol für die Mondknoten? Wie Sie wissen, besteht es aus einer Linie, die um sich selbst geschlungen ist, so dass an den Enden zwei kleine Kreise entstehen. Es sieht aus wie ein aufgeschnittener Kreis, dessen beide Enden nach außen gewunden sind. Was fangen wir damit an?

Teilnehmer: Es gleicht ein wenig dem Symbol für das Zeichen Löwe.

Teilnehmer: Ich sehe eher einen Torweg.

Teilnehmer: Oder einen Torbogen in einem Garten.

Melanie: Kehren wir zurück zu unserer Elementarsymbolik. Wenn ein Kreis für die Ganzheit des Geistes steht, könnten wir die Mondknoten vielleicht als Symbole für den Torweg zu einem höheren Bewusstsein betrachten, das über die individuelle Bewusstseinsebene hinausgeht, diese aber einschließt.

Teilnehmer: Die Mondknoten werden auch Drachenkopf und Drachenschwanz genannt, und so sah ich das Symbol eben als einen Drachen.

Melanie: Ja natürlich, daran hatte ich nie gedacht! Das Bild des Drachens werden wir später noch untersuchen. Zunächst aber möchte ich mit der Betrachtung der Himmelskörper in ihrem Verhältnis zum Mondknotenzyklus fortfahren.

Das Tierkreiszeichen der Erde

In dem Werk *Esoterische Astrologie* von Alice Bailey wird die Erde immer als der Sonne genau gegenüberstehend gesehen. Diese Technik mag eine Anleihe aus der heliozentrischen Astrologie sein. Betrachten wir die Mondknoten, so lässt sich deren Bedeutung erweitern, wenn wir sie in ihrem Verhältnis zu Sonne und Mond im Horoskop untersuchen. Ich möchte Sie einladen, ebenfalls diesen »Erde-Standpunkt« einzunehmen, und ich denke, Sie werden überrascht sein über die Einblicke, die dies zu bieten vermag.

Die Sonne ist als Quelle allen Lichtes zugleich auch der wichtigste planetare Körper, der Schatten ermöglicht. Ein heller Mond wirft ebenfalls einen Schatten, der aber qualitativ anders ist; er ist eher diffus und neigt dazu, Objekte in der etwas schattigen Nachtwelt miteinander zu verschmelzen. Überdies ist das Mondlicht natürlich reflektiertes Sonnenlicht. Wenn die Sonne auf einen Gegenstand oder eine Person scheint, dann verbindet sich der Schatten direkt mit dem Raum dahinter oder mit der Erdoberfläche selbst. Hier besteht auch ein Zusammenhang mit dem psychologischen Begriff des »Schattens«: Dieser steht für

Elemente, die hinter einem liegen und die man vielleicht nicht sieht oder kennt, solange man sich dem Licht der bewussten Intention zuwendet. In manchen Kulturen wird dem Schatten viel mehr Bedeutung zugemessen und es heißt, dass man den Schatten eines Menschen verletzen, verwunden oder gar töten könne. Im Volksgut sind Geschichten von Menschen überliefert, die ihren Schatten verlieren und sich auf die Suche begeben müssen, um ihn wieder zu finden und zurückzugewinnen. Dies erinnert an ein Bild vom Seelenverlust und weist Parallelen in dem psychologischen Begriff des Schattens auf, den wir zum Wohle und Heil unseres Gleichgewichts und unserer Ganzheit brauchen.

Im astrologischen Bereich können Sie manches davon in jenem Zeichen wieder finden, das Ihrer Sonne gegenübersteht, dem Zeichen der Erde. Die Qualitäten des Zeichens, in dem sich Ihre Erde befindet, können die Ihres Sonnen-Zeichens verankern, erden und unterstützen – auf die gleiche Weise, wie der physische Schatten auf die Erde fällt und wie der psychologische Schatten auf den Grund der Lebenserfahrung fallen muss, um wahrgenommen werden zu können.

Teilnehmer: Wie würden Sie das Zeichen der Erde in eine Horoskopdeutung einbeziehen?

Melanie: Zuerst, indem ich es einfach in meine Wahrnehmung einschließe. Denken Sie zum Beispiel daran, dass jeder Transit, der die Sonne beeinflusst, zugleich auch die Erde beeinflussen wird. Wenn Sie das Zeichen der Erde in Ihrem eigenen Horoskop erforschen wollen, dann denken Sie über Ihr Verhältnis zu dem Ihrer Sonne gegenüberliegenden Zeichen nach. Viele Menschen haben mindestens einen wichtigen Kontakt zu einer Person des gegenüberliegenden Sonnenzeichens. Dies kann jede Art von Beziehung sein, doch sie besitzt eine starke Resonanz- und Reflexions-Qualität; oft hält sie uns gewissermaßen einen dunklen Spiegel vor oder hat etwas Faszinierendes an sich. Die Mondknoten selbst haben sehr viel mit solchen Beziehungen zu tun, die das Leben auf irgendeiner Ebene prägen und einen starken Einfluss auf Sie haben. Drittens bildet schließlich jeder Planet, der der Sonne gegenübersteht, eine Konjunktion mit der Erde.

Wenn wir dies bedenken, verstärkt sich die Bedeutung der Tatsache, dass alle Planeten von Jupiter aus nach innen gesehen immer rückläufig erscheinen[5], sobald sie der Sonne gegenüberstehen; damit neigen diese Planeten dazu, ihre Funktion nach innen zu kehren. Die Sonne ist somit mit der Erde verbunden, aber auch mit der Unterwelt, welche man sich in vielen Mythologien buchstäblich als unter der Erde und damit unter dem Schatten der Sonne vorstellt. Dass ein Planet, welcher der Sonne gegenübersteht, versucht, sich mit der Erde und »der darunter liegenden« Unterwelt zu verbinden, können wir als etwas betrachten, dem wir begegnen müssen, damit unsere Sonne wieder scheinen kann. Im Idealfall wird ein Planet an dieser Stelle die Sonne unterstützen und verankern, und seine Themen werden sich definitiv manifestieren und »erden« wollen. Sie könnten auch prüfen, welcher Planet Ihr Zeichen der Erde regiert, und ein umfassenderes Bild gewinnen, indem Sie dieses Zeichen und seine Aspekte erforschen.

Gemäß Alice Baileys *Esoterischer Astrologie* soll die Erde übrigens das Zeichen Schütze regieren; dies verstehe ich als Hinweis auf den Prozess, welcher die Aspiration mit der irdischen Existenz verbindet, als Erdung oder Verankerung der Vision. Aber wir stehen hier vor einem Schild mit der Aufschrift: »Bis hierher und nicht weiter« – sonst kommen wir zu weit von unserem zentralen Thema ab! Gibt es bis dahin irgendwelche Fragen oder Beobachtungen?

Teilnehmer: Ich habe die Sonne im Stier, das heißt die Erde ist im Skorpion. Könnten Sie diese Vorstellung anhand dieses Beispiels erläutern?

Melanie: Was bei einer Sonne im Stier und einer Skorpion-Erde die sehr erdige und zuweilen fixe, sture und intensiv konzentrierte Energie des Zeichens Stier ausgleicht und ihr damit Boden unter die Füße gibt, ist die innere Bewegung der gefassten emotionellen Feinheit und Komplexität des Skorpions, die hin und wieder unter Druck hervorbrechen wird. Lassen Sie mich hier ein wenig übertreiben; was ich sage, gilt nicht unbedingt für Sie persönlich! Unter dem unerschütterlichen, verlässlichen und sogar arbeitsamen Äußeren steckt das Bedürfnis nach dem Gegenteil. Nicht, dass der Stier diese ganze Sammlung von unbewussten Charakteristika besitzt, vielmehr ist das gegenüberliegende Zeichen der Ort, wo man darauf wartet anzukommen, gespiegelt zu werden und sich damit vollständig zu fühlen wie der Schatten, der auf die Erde fällt. Stier ist das erste Erdzeichen und sehr stark identifiziert mit Form und Formbildung. Skorpion hingegen wird von Pluto regiert, dem Herrn der Transformation oder der Auflösung der Bindung an die Form durch die Erkenntnis von deren Vergänglichkeit. Darin besteht die magnetische Anziehungskraft – oder eine ihrer Deutungen. Können Sie damit etwas anfangen?

Teilnehmer: Ja, durchaus. Ich habe ein paar sehr wichtige Beziehungen mit Skorpion-Geborenen gehabt und fühle mich von Menschen angezogen, die in ihrem Horoskop ein Skorpion- oder Pluto-Thema aufweisen, selbst wenn ihre Sonne nicht dort steht.

Melanie: In welcher Hinsicht waren diese Beziehungen wichtig?

Teilnehmer: Nun, einer der Skorpione sagte über mich, dass ich immer versuche, aus einem Elefanten eine Mücke zu machen – ich hingegen hatte natürlich immer gedacht, dass er aus einer Mücke einen Elefanten macht! Ich denke, ich habe von dem anderen gelernt, dass man Gefühle nicht einfach ignorieren darf, nur weil sie unangenehm oder unbehaglich sind oder etwas in Frage stellen. Ich kann recht selbstzufrieden sein, glaube ich. Für ein ruhiges Leben würde ich jeden Preis bezahlen.

Melanie: Was für ein herrliches Bild! Denken Sie auch daran, dass die Erde tatsächlich lebendig ist und ihre eigene Intelligenz, ihre eigenen Ökosysteme und Gleichgewichtsmechanismen besitzt. Sie ist unser physisches Zuhause, doch unser Empfinden für die Heiligkeit Gaias, der großen Erdengottheit, ist im Laufe der vergangenen Jahrhunderte irgendwie verloren gegangen, es wurde verdrängt von der Philosophie, die das Erobern und Beherrschen der Erde rechtfertigt. Doch – Ironie des Schicksals – dank der Wissenschaft nähern wir uns heute wieder einer Sicht der Erde als eines Organismus, der lebt, pulsiert und atmet. Sobald wir jedoch die Erde in das Horoskop einsetzen, lassen wir die begrenzenden Konsequenzen einer ausschließlich geozentrischen Sicht der Welt hinter uns, aus der das Horoskop natürlich dargestellt wird.

Achten Sie bei der Betrachtung der Mondknoten jedoch darauf, dass sie aufzeigen, an welcher Stelle die Erde zwei verschiedene Rollen oder Positionen gleichzeitig an- oder einnimmt. Die Erde ist einerseits das Zentrum im Verhältnis zur Umlaufbahn des Mondes, andererseits jedoch Peripherie im Verhältnis zur Sonne, die sie selbst umrundet. Es gibt noch ein weiteres Gegensatzpaar im Zusammenhang mit den Mondknoten: die Beziehung zwischen dem Zentrum und der Peripherie. Das ist noch eine Spur, auf die wir nur einen flüchtigen Blick werfen können, doch es möge uns genügen festzustellen, dass anscheinend die gesamte Schöpfung diese Dynamik zeigt. Man findet sie im Sonnensystem, in der Welt der Zelle und im Reich der subatomaren Teilchen.[6]

Sonne, Mond und Erde – das Bild

Lassen Sie uns noch einmal zu der Wechselbeziehung zwischen Sonne und Erde zurückkehren. In der ägyptischen Mythologie heißt es, dass der Sonnengott Ra jeden Tag in seiner Sonnenbarke über den Himmel fährt. Nachts, wenn er die Unterwelt betritt, verschwinden seine Wärme und sein Licht. Auch in anderen Mythologien wird die Bahn der Sonne über den Himmel symbolisch mit der Reise des Helden assoziiert. Wenn die Nacht sich über die Erde senkt, muss der Held gegen einen

Drachen kämpfen oder einen Feind bezwingen, der danach trachtet, ihn in der Unterwelt festzuhalten und seine tägliche Auferstehung in der Morgendämmerung und sein Wiedererscheinen am Osthimmel zu verhindern. In der Vorstellung der Menschen wird der Sonnenaufgang mit dem Sieg über gefährliche, möglicherweise tödliche Mächte assoziiert, die Feinde von Licht und Leben sind, ebenso mit dem Sieg, der die Wiedergeburt sichert. In der mythologischen Version wird der Sonnenheld schweren Prüfungen und Proben unterzogen, er erlebt den symbolischen Tod und die Erneuerung, den Kampf an der Schwelle und seine Neugeburt in die Welt des Tageslichts. Obwohl die Sonne im Laufe des Tages quer über den ganzen Himmel zieht und dann verschwindet, hat sie doch immer dieselbe Gestalt und sieht immer gleich aus – wenn sie nicht verfinstert oder von Wolken verdeckt wird. So kam es, dass der Mensch sie zum Symbol für das Ewige erhob. Die Sonne verkörpert das, was sterben mag, aber in der Dämmerung jedes Morgens von neuem wieder geboren wird. Wolken kommen und Wolken gehen, ebenso kommt die Nacht und geht auch wieder.

Wir können dieses Bild genauso aus einer anderen Perspektive heraus betrachten: Die Sonne, das Urlicht, wird durch ihr Eintauchen in die Dunkelheit erneuert, und das Licht des Dunkels ist natürlich der Mond. Im Gegensatz zum Tageslicht wandelt sich die Gestalt des Mondes ständig. Ja, wenn man den Mond aufmerksam betrachtet, kann man den Unterschied von Nacht zu Nacht bemerken. Auch die Zeiten von Aufgang und Untergang des Mondes ändern sich recht schnell, das ist ganz erstaunlich. Von daher kam es, dass der Mond zum Symbol dessen wurde, was seine Gestalt verändert, was erscheint und wieder verschwindet. Dabei gibt es einen Rhythmus und eine Regelmäßigkeit, wenn wir den Mond über längere Zeit beobachten. Erkennen Sie den Unterschied, ja den Gegensatz zur Sonne? Der seine Gestalt verändernde Mond wird zum Symbol einer Welt der Formen, in der alles seine Beschaffenheit verändert, auch wir Menschen. Zu Beginn, im Mutterleib, sind wir sehr klein, dann wachsen wir unglaublich rasch; wir werden dicker und dünner und schließlich wieder etwas kleiner und gebeugt, wenn wir altern. Alle Formen des Lebens nehmen zu und ab wie der Mond.

Die Mondknoten schließlich stehen für die Beziehung zwischen der Sonne und dem Mond als einander ergänzende, gegenüberstehende Prinzipien und deren Streben hin zur Manifestation. Denn dies ist ihre Beziehung zur Erde. Wir können uns die Sonne als Vater oder maskulin vorstellen, den Mond als Mutter oder feminin und die Erde als das Kind beider. Die Mondknoten als Ausdruck der Kombination dieser drei Faktoren stehen symbolisch auch für das, was uns über die unmittelbaren Mutter- oder Vaterbilder hinausführt, denen wir in unseren Eltern begegnet sind und die im Laufe der Zeit durch unsere Lebenserfahrung und unsere Kontakte zu Autoritätsfiguren modifiziert werden. Ich denke, dies könnte der Grund sein, warum die Mondknoten manchmal als »Schicksalsachse« bezeichnet werden. Sie führen uns über unseren Ursprung hinaus, durch die Tore der Gegensätze, die wir unterwegs erleben müssen und die sie zunehmend verfeinern durch einen inneren, alchemistischen Prozess, während die archetypischen und spirituellen Ebenen des Maskulinen und Femininen zueinander in Beziehung treten, sich vereinigen und trennen. Das spirituelle Kind Erde, die Frucht dieser Verbindung, ist vielleicht der Daseinsgrund, aus dem wir hervorkommen.

Der Mond

Nun will ich kurz die Sonne und den Mond im Horoskop betrachten, da ein Verständnis ihrer Symbolik für die Mondknotenachse wichtig ist. Der Mond zeigt an, wo und wie wir verschmelzen und uns anpassen. Es ist der Ort, an dem wir auf die Außenwelt ansprechen und sie reflektieren, weil er zeigt, wo die Gewohnheiten und emotionellen Muster unserer

Herkunft gespeichert sind. Wir können uns dorthin zurückziehen und werden dies auch manchmal instinktiv tun. Reagieren wir in einer Situation »aus dem Bauch heraus«, sind wir mit dem Mond verbunden, der gewissermaßen die Funktion unserer vordersten Verteidigungslinie übernimmt. Einkehr und Rückzug im lunaren Sinne bedeutet auch Empfänglichkeit für Rhythmus und das Gespür, wann es Zeit ist, zu- oder abzunehmen. Wenn alles in Ordnung ist, hat diese Art von Rhythmusintelligenz ihren Platz in unserem Mond. Aufgrund unserer lunaren Intelligenz wissen wir, wann es Zeit ist zu ruhen, wann genug eben genug ist, oder wann wir von irgendeiner Speise mehr brauchen, sei es nun körperlich, emotionell, mental oder spirituell.

Die Themen Nahrung für uns selbst und andere, unser Leben in der Welt und unsere Zugehörigkeit stehen alle mit dem Mond in Verbindung. Ein sehr offensichtliches Beispiel mag dies illustrieren: Wenn Ihr Mond im Zeichen Krebs steht, sind Sie sehr glücklich, wenn ein Gefühl von Nähe, Vertrautheit, Verbundenheit, Kontinuität und Intimität Sie erfüllt. Wenn Sie den Mond jedoch im Zeichen Wassermann haben, könnte es in dieser Hinsicht zwiespältige Gefühle geben; obgleich Sie die Nähe wünschen, müssen Sie doch Ihren Raum für sich haben, was auch immer dies für Sie bedeutet. Für manche Menschen heißt das, allein zu leben, für andere hingegen, sich auch Zeit außerhalb der wichtigsten Beziehungen zu nehmen. Sie müssen Ihren Weg selbst finden, doch dieses Bedürfnis nach Raum ist ebenso stark wie jedes andere instinktive Verlangen. Für den Mond im Wassermann ist das Bedürfnis nach gedanklicher Freiheit so wichtig wie das Bedürfnis des Krebs-Mondes, Familienfotos zu sammeln, um sie einst der nächsten Generation zu zeigen. Die Sehnsucht des Mondes nach kontinuierlicher Sicherheit wird beim Wassermann-Mond auch ein reales Bedürfnis nach gedanklicher Freiheit umfassen; wird es nicht erfüllt, resultiert daraus paradoxerweise emotionelle Unsicherheit.

Es gibt beim Mond eine instinktive Art zu reagieren. Positiv kann dies sein, wenn unsere instinktiven Bedürfnisse nach Ernährung und Sicherheit gut funktionieren. Doch sie können auch von der Qualität unserer frühkindlichen Beziehung zur Mutter überlagert sein. Der Mond steht für unsere Erfahrung mit der Mutter und damit für das ganze Zusammenhangsgeflecht der Musterbildung und Prägung im Bereich unserer Erwartungen an andere Menschen, Ernährung und Nähe. Es zeigt auch uns selbst als Mutter. Ob wir Kinder haben oder nicht, der Mond wird zeigen, wie wir diesen Instinkt verwenden oder wie er uns verwendet – wie wir auf den verschiedensten Ebenen Nahrung geben und empfangen.

Der Mond im Widder beispielsweise ist das, was ich als die »Tiermutter« bezeichne. Haben Sie schon Filmaufnahmen von einer Löwin gesehen, die mit ihren Jungen spielt? Sie liegt ruhig auf ihrem Platz, und die Kleinen scheinen reichlich Freiheit und Raum zum Spielen zu haben, doch sobald eines von ihnen aus der Reihe tanzt oder sich einer gefährlichen Situation nähert, stürzt sich die Mutter auf das Junge und holt es in die Sicherheit zurück. Mütter mit dem Mond im Widder haben sehr starke Kampfinstinkte zum Schutze der Jungen, der Verwundbaren und Unschuldigen. Sie kämpfen mit Zähnen und Klauen zur Sicherung des Wohlbefindens ihrer Kleinen, ihrer Kinder, ihrer schöpferischen Projekte oder was auch immer sie hegen.

Teilnehmer: Wie lässt sich unser Erleben der Mutter, aber auch die Art und Weise verändern, in der wir selbst unsere Mutterrolle zum Ausdruck bringen?

Melanie: Die Wahrnehmung unserer eigenen Erfahrung ist der erste Schritt dahin, sie hinter uns lassen zu können. Angenommen, Sie haben das Gefühl, sich auf eine bestimmte Weise zu verhalten, weil Ihre Mutter dieses oder jenes getan oder nicht getan hat. Während das auf einer Ebene absolut wahr sein mag, ergibt es doch nie das ganze Bild. Hier die wahre Geschichte vom Widder-Mond: Eine Person fürchtete sich davor, dass andere Menschen ihre Wut zeigten, und so unternahm sie sehr viel, um sie zu besänftigen; in diesem Falle stand der Mond dem

Neptun gegenüber. Die Mutter dieser Person gehörte zu den Menschen, die ihre Gefühle leidenschaftlich zum Ausdruck brachten, und zwar oftmals, indem sie erst einmal wütend wurde. So hatte meine Klientin als Kind gelernt, sich beschimpft und verunsichert zu fühlen, sobald sie ihre Mutter als sehr aggressive Frau erlebte.

Viel später begann sie zu erkennen, dass jene Aggression nicht gleichbedeutend mit einem persönlichen Angriff war, sondern dass ihre Mutter oft das Wohl des Kindes im Sinn hatte, wenn sie sich aggressiv beschützend zeigte, und dass sie allgemein leicht erregbar war. Die Mutter pflegte ihre Angst und Sorge zu zeigen, indem sie sehr laut wurde oder explodierte; das Kind fühlte sich dabei erschreckt und verletzt. Allmählich wurde meiner Klientin klar, dass ihre Mutter nicht die Absicht hatte, aggressiv zu sein, sondern mit ihrer gewohnten Verhaltensweise reagierte, die wiederum eine lange Vorgeschichte gehabt haben könnte. Die Mutter hatte starke Beschützerinstinkte, gute Absichten und flüchtige Leidenschaften. Zunächst hatte sich meine Klientin angesichts von so viel Feuer mehr mit ihrem Neptun als mit ihrem Mond identifiziert. Als sie später selbst Kinder hatte, war sie gezwungen, aus dieser Identifikation herauszuwachsen und vernünftige Wege zu beschreiten, um ihrem Widder-Mond Ausdruck zu geben. Unter anderem leitete sie eine Spielgruppe, in der ihr die Dynamik des Zeichens Widder und die Qualitäten der Initiative sehr gut zustatten kamen, während die Sensibilität und Phantasie Neptuns auch eine positive Ausdrucksmöglichkeit fanden.

Zu erkennen, was geschieht, ist der erste Schritt dahin, es hinter sich lassen zu können. Der Weg wäre, es loszulassen und nicht zu versuchen, Veränderungen zu erzwingen. Denken Sie daran, dass es auf Seiten des Mondes Widerstand geben mag, über das Altbekannte hinauszugehen, denn der Mond achtet auf Kontinuität und Sicherheit, und auf ihn übt das Vertraute eine starke Anziehungskraft aus. Der Mond am Himmel verändert sich ständig; er verschwindet, doch er kommt immer wieder zum Vorschein. Dies ist eine wunderbare Metapher für die Entwicklung des inneren Bildes von einer Mutter, die »gut genug« ist: Sie mag sich verändern, sie mag fortgehen, aber sie wird immer wieder zurückkehren. Erinnert Sie dieses Bild nicht auch an die Erfahrung, dass etwas, das Sie meinen, nun hinter sich gelassen zu haben, erst zu verschwinden scheint, dann aber wie ein Stehaufmännchen wieder auftaucht? Natürlich ist es nicht mehr genau das Gleiche. Doch je mehr Sie versuchen, etwas zu verändern, desto mehr bleibt es aus der Sicht des Mondes das Gleiche.

Teilnehmer: Manche Menschen, die stark bemuttert wurden, bemühen sich, es später anders zu machen.

Melanie: Ja, in der Tat. Ich bin nicht sicher, ob Sie das aus dem Horoskop ablesen können. Ich denke gerade an einige Beispiele. Eine Frau mit Pluto genau auf dem MC verknüpft mit vielen fixen Quadraten hat sich genau dies vorgenommen, und sie scheint damit recht gut zu fahren. Eine andere Frau hat Chiron im 10. Haus und im Quadrat zum Mond im Stier; sie hatte es sehr schwer mit ihrer Mutter. Doch der Mond steht in gegenseitiger Rezeption mit ihrer Venus im Krebs, und sie fand die innere Stärke, das Erlebte sehr weit hinter sich zu lassen, als sie später selbst Kinder hatte. Interessanterweise kann man häufig feststellen, dass sowohl das negative Erbe als auch das positive Ergebnis durch den gleichen Punkt symbolisiert werden. In meinem ersten Beispiel wurde der Ausdruck von Pluto am MC transformiert: Aus dem Erleben massiver Unterdrückung und Negativität durch die eigene Mutter erwuchs eine Hingabe – was sehr dem 10. Haus entspricht –, das Erlebte zu transformieren. Die Intensität Plutos wurde dem inneren Prozess gewidmet und nicht dem Wunsch, bekannte Muster einfach zu wiederholen. Als beispielsweise ihre erste Tochter die Pubertät erreichte, ging meine Klientin, die bereits früher Jahre der Analyse gehabt hatte, in die Therapie zurück, um ihr zu helfen sich abzunabeln und um die Erinnerungen an die Schwierigkeiten aufzuarbeiten, die sie zu jener Zeit erlebt hatte.

Ihr Mond stand am IC im Zeichen Wassermann, und Sie können die Entwicklung von den schwierigen Aspekten ihres Ursprungs zum positiveren Ausdruck ihres Mondes erkennen. Meine Klientin hatte ihre Mutter als unterdrückend und beherrschend erlebt, dazu schwankte sie zwischen Kälte und Ablehnung (Mond im Wassermann) und negativen, manchmal explosiven Launen (Pluto im Löwen). Ihren Vater erlebte sie als fern, wenn auch freundlich, und sie sehnte sich sehr danach, ihn zu erreichen. Als sie bei sich selbst ähnliche Tendenzen erkannte, gelang es ihr, für diese Opposition einen anderen Ausdruck zu finden. Ihr Mond im Wassermann liebt und gebraucht die Astrologie als Hilfe zur Selbsterkenntnis und zur Arbeit an sich selbst und zum Verständnis der Horoskope ihrer Kinder. Sie erfüllt eine wichtige Funktion im schulischen Umfeld der Kinder, und viele Eltern suchen sie auf und sprechen mit ihr über ihre Anliegen. Das ist sehr wassermännisch: in und mit der Gruppe, dem Netz, dem sozialen System tätig zu sein. Ihre Mutterrolle erfüllte sie also auf einem sehr weiten Feld. Durch ihre innere Arbeit hatte diese Frau ein großes Maß an Vertrauen in das Wachstum und die Integrität ihrer Kinder entwickelt und gelernt, es mit ihrer Sorge, es allen Recht zu machen, nicht zu übertreiben.

Vertrauen versus Misstrauen zeigt der Mond, und hier sind wir wie alle anderen, da wir an die gemeinsame Menschlichkeit in uns und in anderen rühren. Der Mond regiert die Verdauung und macht somit auch eine Aussage über unsere Art, Erfahrungen zu verdauen und zu verarbeiten. Es ist nützlich, dies zu verstehen, denn wenn man Erfahrungen nicht verarbeitet, kann es leicht zu einer emotionellen oder mentalen Verstopfung kommen. Wenn Sie Ihre Nahrung nicht verdauen, werden Sie körperlich krank.

Hier sind einige kurze Beispiele: Mit dem Mond im Zeichen Zwillinge müssen Sie wohl den Telefonhörer abnehmen oder sich mit einem Bekannten treffen und reden, um ein Erlebnis real zu machen und es zu absorbieren, indem Sie darüber nachdenken, aber auch um den Beitrag von jemand anderem zu haben, ein Gespräch zu führen oder etwas in Ihr Tagebuch einzutragen. Ohne mindestens eine dieser Möglichkeiten macht sich Unsicherheit breit. Der Mond im Skorpion mag für sich allein grübeln oder dafür Sorge tragen, dass alle anderen wissen, dass eine emotionelle Angelegenheit im Gange ist, doch er wird nicht unbedingt darüber sprechen. Wer in diesem Falle versucht, ihn vorzeitig aus der Reserve zu locken, wird nicht nur Unsicherheit auslösen, sondern auch den Stachel des Skorpions zu spüren bekommen. Der Mond im Zeichen Jungfrau mag zu manischer Geschäftigkeit in allen praktischen Dingen neigen. Jede dieser Verhaltensweisen kann, bewusst ausgeführt, ein guter Weg sein, sich selbst die Zeit und den Raum zu geben, in dem das Verarbeiten von allein geschehen kann. Unsere Speisen verdauen wir nicht bewusst, das erledigt der Körper für uns, solange wir ihn nicht stören!

Die Sonne

Die Sonne im Horoskop spiegelt einen elementaren schöpferischen Drang jedes Menschen, er selbst zu sein. Doch was bedeutet das wirklich? Weil wir einer Kultur angehören, die sich sehr am Handeln orientiert, meinen wir meist, wenn wir Begriffe wie »individuieren« und »Bestimmung« hören, es gehe darum, etwas zu tun, eine Aufgabe oder Mission zu erfüllen. »Was soll ich tun? Wie kann ich den Zweck meines Lebens erfüllen?« Das heißt mit anderen Worten: »Was ist meine Aufgabe?« Doch dies ist nur das halbe Bild. Ich denke, die Sonne handelt ebenso sehr vom Sein wie vom Tun. Sowohl die Sonne als auch der Mond haben ihre Aspekte des Seins und des Tuns, was beim Mond, der Nahrung gibt und empfängt, vielleicht deutlicher zu erkennen ist. Die Sonne wird gewöhnlich als »Yang« betrachtet, als aktiv, positiv, dynamisch, maskulin. Um das Bild jedoch abzurunden, zu vervollständigen und die inneren und spirituellen

Ebenen einzubeziehen, müssen wir diese Definition wohl erweitern und die Qualität des »Seins« einschließen, die vielleicht wie eine Strahlung oder Vitalität ist.

Wenn Sie auf dem richtigen Kurs sind, ist das Leben voller Sinn. Sie selbst fühlen sich vital und in Ihrer Mitte, und es ist fast gleichgültig, was um Sie herum vorgeht. Auch wenn Sie sich mitten in einem Durcheinander befinden und die Dinge nicht so sind, wie Sie es wünschten, dann mag Sie das wohl stören, doch im inneren Kern ist alles in Ordnung. Selbst inmitten von emotionellen Turbulenzen oder äußeren Schwierigkeiten gibt es ein inneres Strahlen, an das Sie sich halten können. Ganz entgegengesetzt hierzu ist der Zustand, wenn nach außen hin alles schön aussieht, Sie selbst sich aber »verdunkelt« fühlen. Wissen Sie, was ich meine? Im ersten Beispiel gibt es immer noch jenes Gefühl des Pulsierens, man spürt die eigene Lebenskraft, und ich denke, so fühlt es sich einfach an, wenn man mit der Sonne in Verbindung steht, dem Zentrum in der eigenen Mitte.

Nun, wenn wir diesen Zustand in »Etwas-Tun« übersetzen, dann haben wir die aktivere Seite – den Zweck, die Bestimmung. Steht Ihre Sonne im Zeichen Waage, dann werden Sie danach streben, Ihrem Empfinden von Richtung und Bestimmung gerecht zu werden durch Ästhetik, durch Beziehungen und durch Ideale, die mit Gerechtigkeit, Harmonie und Gleichgewicht zu tun haben. Ich bin sicher, dass Sie das Bild kennen. Aber die tatsächliche Qualität ist ebenso wichtig wie das, was wir damit tun, und ich denke, das ist der Teil, den wir übersehen. Die Sonne scheint eben einfach. Hier auf der Erde tun wir alles mögliche mit diesem Licht, doch die Sonne ist das Symbol für ein strahlendes inneres Zentrum und zugleich lebhaftes Feuer auf ihrer Oberfläche.

Ich möchte hier gerne auf ein Werk Dane Rudhyars zurückgreifen; sein Horoskop werden wir später noch betrachten. Rudhyar schreibt auf wunderbar poetische Weise über die Sonne. Er spricht über die verschiedenen Schichten der Sonne in ihrer Beziehung zu den jeweiligen Dimensionen des Seins. Der Titel lautet »Das Lied des Lichtes[7] «:

Das Herz der Sonne ist die unbekannte Gottheit, die Photosphäre sein herrliches Gewand. Licht ist der Glanz dieser Herrlichkeit, es ist der Gesang der himmlischen Heerscharen, der der äußeren Welt die innere Wirklichkeit des Einen vermittelt, der Anbeginn ist, Mitte und Ende von allem, was im Sonnensystem ist. Der höchste Integrierende, der Allumfassende und Mitfühlende. Licht ist Gottes Geste des Mitgefühls zur Materie, der Strom der Liebe, der den Rest der Vergangenheit allezeit erlöst. Licht ist der Ruf zum Leben.

Sie können sehen, wie der Begriff des Seins im feurigen Kern mit der Kraftquelle vergleichbar ist, die alle Konvektionsströmungen aussendet, die dieses Feuerwerk an der Oberfläche der Korona erzeugen. Die Flammen, die von der Sonne weit in den Raum schießen, sind vielleicht wie das Feuer, das danach strebt, sich in Aktion, im Ausdruck oder im Tun zu manifestieren. Sie können Ihr Sonnenzeichen nicht in dem Sinne »funktionieren« lassen, dass Sie eine Regel befolgen, einem Befehl gehorchen oder versuchen, Akzeptanz oder Zustimmung zu gewinnen. Das hilft Ihrer Sonne nicht zu strahlen, denn es ist zu saturnisch und hat mit Leistung und Erreichen von Zielen zu tun. Die Sonne scheint eben. Sie ist, sie strahlt, und das Tun fließt daraus hervor.

Die Sonne ist eine Quelle der Vitalität und der Ort, wo wir danach streben, das schöpferische Prinzip zu entfalten und zum Ausdruck zu bringen. Ich habe das Empfinden, dass wir auch andere Teile des Horoskops einsetzen, damit dies geschieht. So wie der Mond ruht, bringt die Sonne Energie hervor. Wenn die Sonne schwach entwickelt ist, dann sehen wir sie in anderen scheinen, und sie gefällt uns nicht, weil wir ebenfalls scheinen wollen. Dann empfinden wir Missgunst und wollen die Sonne zerstören, verfinstern oder untergraben. Das ist die Schattenseite der Sonne, die mit sehr unangenehmen Neidgefühlen zu tun hat, auch mit Narzissmus. Narzissmus ist der Zustand, wenn wir im Mittelpunkt des Universums stehen müssen und alles ausschließlich in seinem Bezug auf *unsere* Wirklichkeit wahrnehmen; dem mag ein früher Mangel an »Spiegelflächen« zugrunde liegen. Wenn Sie in diesem Zustand sind, muss jeder andere Ihr Mond sein, damit Sie die Sonne sein können. So reduzieren Sie die anderen auf die Funktion, Ihre Herrlichkeit widerzuspiegeln. Dies kann sich in verschiedensten Abstufungen zeigen, von massiven und offensichtlichen Ausprägungen bis hin zu sehr subtilen Formen, in denen wir überzeugt sind, dass unsere eigene emotionelle Wirklichkeit und Interpretation des Geschehens die absolute Wahrheit der Materie sei und in denen wir nichts anderes gelten lassen. Neid kommt auf, wenn Sie nur in der Verfinsterung stehen oder im Schatten des Lichtes von dem, was Sie begehren. Anfangs mögen Sie vielleicht im Schatten Ihrer Mutter oder Ihres Vaters oder beider stehen, doch im Zustand des Neides befinden wir uns immer in einer Situation des Mangelns, Fehlens, Begehrens und fühlen uns leer und ohne genügend Substanz.

Teilnehmer: Wie steht es mit Eifersucht? Ist sie das Gleiche?

Melanie: Auch wenn die Definitionen im Wörterbuch den Unterschied eher verschleiern, ist es doch praktisch, diese Gefühlszustände zu unterscheiden: Neid braucht zwei Beteiligte, und Eifersucht drei Menschen oder »Objekte«. Anders ausgedrückt: Wenn ich eifersüchtig bin, fürchte ich, dass mir jemand etwas wegnehmen will, was ich habe, und bin dadurch irgendwie geschwächt oder beraubt. Eine andere Frau mag mir meinen Freund wegnehmen oder ein Rivale mag mich beruflich ausstechen und meine Position im Rampenlicht einnehmen. Bei der Eifersucht geht es gewöhnlich um Sex oder Macht, und sie hat etwas mit Besitzergreifen zu tun.

Neid hingegen ist ein Gefühl, das aus dem Mangel kommt, einem tatsächlichen oder einem eingebildeten Mangel. Jemand hat oder ist etwas, das Sie nicht haben oder sein können. Hier kommt noch hinzu, dass Sie das Geneidete zerstören, sich einverleiben und verschlingen wollen, damit es für immer Ihres sein wird. Mit mörderischer Eifersucht wollen Sie die Person, die Ihnen ein Ärgernis ist, loswerden. Doch beim Neid können Sie dies nicht tun, denn die beneidete Person stellt auf einer tieferen Ebene einen kostbaren Aspekt von Ihnen selbst dar, den Sie nach außen projizieren. Sie hat oder ist genau das, was Sie selbst verzweifelt haben oder sein wollen.

Melanie Klein schreibt ausführlich darüber, wie Neid in dem Gefühl der Ur-Trennung von der Mutter gründet sowie über die komplexen Gefühle der Leere, Bedürftigkeit und Abhängigkeit, die ein Baby gegenüber der Mutter empfindet. Es gibt auch das Paradoxon, dass wir neiden, was wir am meisten begehren. Wenn uns etwas Freude bereitet, können wir Neid empfinden, wenn es nicht da ist, und in unserem Denken »zerstören« wir das ersehnte Fehlende. Wenn das völlig unbewusst geschieht, kann es unsere Verbindungen zu anderen Menschen vergiften. Viele gute Beziehungen, Projekte oder Möglichkeiten sind an diesem Gefühl zerbrochen, ohne dass die Beteiligten es erkannten. Sowohl Neid als auch Eifersucht haben mit Verlust und Verlustangst zu tun. Doch auf der tiefsten Ebene handelt Neid vom Verlust des Selbst, das nach außen projiziert wird.

Bei Sonnenthemen geht es um die Identität und das Gefühl, das Recht zu haben, zu existieren und einfach zu sein, ohne dies ständig unter Beweis stellen zu müssen. Beim Mond geht es mehr um Sicherheit, Nahrung und um Themen der Gefühls- und Emotionsebene, der zwischenmenschlichen Verbindung und dem Verschmelzen in der Beziehung. Die Sonne handelt von der Spiegelung, Bestätigung und Wertschätzung des Unterschiedes. Bei Tageslicht sind die Grenzen und Unterschiede zwischen Gegenständen offensichtlich, bei Mondlicht hingegen verwischen die Konturen, die Gegenstände verschwimmen und verlieren ihre Umrisse, sie erscheinen stärker vereint.

Teilnehmer: Gibt es so etwas wie eine »unterentwickelte« Sonne?

Melanie: Mit seiner Sonne in Verbindung zu sein, ist eine subtile Angelegenheit; es geht darum, ein einfaches Empfinden unseres Seins, ja unserer Existenz zu haben und zuzulassen, dass es leuchtet und scheint. Es geht nicht unbedingt darum, im Rampenlicht zu stehen und glänzend, brillant, strahlend und spektakulär zu sein. Wenn Sie genügend Bestätigung dieser Art erhalten haben – besonders aus der Beziehung mit Ihrem Vater –, dann ist Ihre Strahlkraft gefestigt, und Sie können leichter mit ihr in Verbindung treten. Sie können sie sogar fast vergessen und sie für selbstverständlich halten, so wie wir meistens das Wunder, dass die Sonne jeden Tag scheint, für ganz natürlich halten.

Teilnehmer: Warum hat diese Art von Bestätigung mit dem Vater zu tun?

Melanie: Ich denke aus dem einfachen Grund, weil Sie – ob Sie männlich oder weiblich sind – die ersten neun Monate Ihres Lebens im Leib Ihrer Mutter verbringen. Damit ist der Vater in einer besseren Position, Ihr Getrenntsein und Ihre Individualität zu bestätigen. Er ist immer »anders«, und in Stammesgesellschaften durchlaufen Knaben, die sich der Pubertät nähern, komplizierte Einweihungszeremonien, die sie deutlich aus der Sphäre der Mutter lösen und in die Männerwelt einführen.

Teilnehmer: Wie können Sie den Zustand der Sonne feststellen?

Melanie: Wird die Sonne von vielen Planeten – besonders von Jupiter und den langsamen äußeren Planeten – aspektiert, dann kann das Schwierigkeiten signalisieren. Die äußeren Planeten verschleiern die Grenze des Persönlichen und bringen Elemente des Kollektiven ein oder Faktoren, die über das Persönliche hinausragen. Dies kann Kreativität, Inspiration und Macht bringen, ist jedoch nicht unbedingt förderlich zur Entfaltung eines Gespürs für das persönliche innere Licht. Oder ein anderes Beispiel. Ist die Sonne durch einen harten Aspekt mit Saturn verbunden, dann empfindet man sie möglicherweise als chronisch verfinstert und muss ihren Selbstwert ständig durch Leistung und Aktivität bestätigen, um dieses Gefühl zu kompensieren. Natürlich funktioniert das nicht immer, denn es dürfte schwierig sein, die Früchte Ihrer Bemühungen wertzuschätzen, da sie das tiefer zugrunde liegende Bedürfnis nicht erfüllen können.

Teilnehmer: Welches ist das?

Melanie: In Verbindung mit Ihrem inneren Licht zu sein und dieses einfache Strahlen zu spüren. Ram Dass nannte es, »dein Sein zu leben«.

Die Herrscher

Ich habe etwas sehr Interessantes über die Herrscherverhältnisse der verschiedenen Planeten in den Zeichen im Zusammenhang mit der Symbolik der Mondknoten entdeckt. Wie wir festgestellt haben, geht es bei diesen um die Wechselbeziehung zwischen Sonne, Mond und Erde; darüber hinaus besteht ein Bezug zu den beiden Äquinoktialpunkten, die von Widder bzw. Waage regiert werden. In der traditionellen Astrologie hieß es, dass Jupiter den nördlichen Mondknoten und Saturn den südlichen Mondknoten regiere. Wenn wir mit den traditionellen Herrschern arbeiten, ergibt sich folgendes Zuordnungsmuster:

Planet	**Domizil**	**Erhöhung**	**Exil**	**Fall**
Sonne	Löwe	Widder	Wassermann	Waage
Mond	Krebs	Stier	Steinbock	Skorpion
Erde	Schütze (esoter. Herrscher)			

Herrscher der genannten Zeichen:

	Sonne	Mars	Saturn	Venus
	Mond	Venus	Saturn	Mars
	Jupiter			

Können Sie das Kreuz Mars-Venus erkennen sowie die Verbindung Jupiter-Saturn? Ich finde das sehr interessant, denn es beschreibt auf eine weitere Art die Verknüpfung und das Ausgleichen der Gegensätze, das heißt den alchemistischen Prozess, den die Mondknoten enthalten. Das Ergebnis dieser verschiedenen Vereinigungen wird symbolisiert durch die Erde. Die Mondknoten zeigen, was die unsichtbare Arbeit der Seele anregt, und ob oder wie diese es anstrebt, Gestalt anzunehmen. So gesehen sind die Mondknoten tatsächlich die »Schicksalsachse«.

Die Mondknoten

Einige Astrologiebücher vermitteln den Eindruck, dass man den Weg vom südlichen zum nördlichen Mondknoten beschreiten müsse, um sich weiterzuentwickeln, oder dass der südliche Mondknoten die Vergangenheit und der nördliche die Zukunft darstelle. Ich hoffe, dass unser bisheriges Gespräch über Sonne, Mond und Erde dazu beigetragen hat, diese Definition ein wenig zu erweitern. Zunächst aber stelle ich die Annahme nicht in Frage, dass unsere Aufgabe hier auf Erden Fortentwicklung ist – das will ich den Philosophen überlassen! Gewiss hinterfrage ich jedoch die Vorstellungen darüber, was dies bedeuten könnte, denn unglücklicherweise wurde der Begriff »Weiterentwicklung« inzwischen mehr und mehr mit einer recht exklusiv solaren, maskulinen Sicht verknüpft, mit einer Dominanz der linken Hemisphäre des Gehirns und mit Fortschrittsgläubigkeit. Wenn wir, ohne es zu wissen, die Mondknoten in dieser kulturbedingten Verzerrung betrachten, werden wir zu einem Teil des Problemes, anstatt ein Teil seiner Lösung, die, wie ich glaube, eher in der Vorstellung eines flexiblen und dynamischen Ausgleichens der Gegensätze und in einem umfassenden anstelle eines ausschließenden Zugangs liegen dürfte.

Erinnern wir uns: Die Mondknoten sind zwar das Produkt der Beziehung zwischen Sonne, Mond und Erde, doch sie sind nicht selbst diese Himmelskörper, sondern sie sind vielmehr wie Zwischenräume, Löcher oder Punkte im Raum, die ich mir als Fenster zu einer anderen Art von Raum und Zeit vorstelle.

In der Physik gibt es den Begriff »Wurmlöcher«, die nach meinem rudimentären Verständnis den Berührungs-, Eintritts- oder Austauschpunkt zwischen parallelen Universen darstellen. Vielleicht sind die Mondknoten so etwas wie die Wurmlöcher des Horoskops, die uns in die Inkarnation hinein, aber auch über die Formen, mit denen wir uns identifizieren, hinaus führen; so weisen sie uns den Weg in eine andere Dimension des Bewusstseins.

Es gibt einige Gründe, warum ich denke, dass die geradeaus gerichtete Linearität des »Woher und Wohin«, von »Vergangenheit und Zukunft« oder »gut und schlecht« nicht alles ist. Zudem werden Sie feststellen, dass sie im Horoskop nicht allzu gut funktioniert! Diesen Rahmen allzu vereinfachend zu verwenden, kann bedeuten, eine statische Sicht von etwas anzunehmen, das, wie ich meine, weitaus interessanter und subtiler ist. Das werden auch Sie sehen, wenn Sie sich die Zeit nehmen, sich eingehend mit Ihren eigenen Mondknoten zu beschäftigen. Ich werde Ihnen einige Methoden zur Betrachtung der Mondknoten vorstellen, die nicht ausschließlich auf der traditionellen, linearen Sicht basieren.

Es war einmal ein Drache …

Wie schon gesagt, können wir auf eine ungeheure Fülle an Traditionen, Mythologien und verwandten Bildersprachen zurückgreifen, wenn wir die Planeten studieren. Wenn man jedoch zu den Mondknoten kommt, ist das wichtigste Bild offenbar der Drache oder die Schlange. Wir finden es in vielen unterschiedlichen Mythologien, und in manchen Quellen ausdrücklich in kosmologischem Zusammenhang. Die traditionellen lateinischen Namen für den nördlichen bzw. südlichen Mondknoten sind *caput* bzw. *cauda draconis* (Drachenkopf bzw. Drachenschwanz). Diese Begriffe könnten aus dem alten Mythos vom babylonischen Gott Marduk stammen, dem Äquivalent

Abbildung 4

Jupiters, der einen großen Drachen erschaffen haben soll. Dieser trug sechs Zeichen des Tierkreises auf seinem Rücken und sechs auf dem Bauch, wie ein großer Uroboros, der sich um die Erde wand. Sein Kopf und sein Schwanz durchstießen bei den Mondknoten die Ebene der Ekliptik.[8] In der indischen Astrologie wird der nördliche Mondknoten Rahu, der südliche Ketu genannt, und soweit ich weiß, gelten beide als recht schwierig, da sie Bereiche wichtiger karmischer Lektionen sind.

Pamela Crane weist auf die Bedeutung der Schlange in der christlichen Mythologie sowie auf ihren Bezug zu den Mondknoten hin. Der nördliche Mondknoten ist ein Punkt der Einheit, verbunden mit der Frühlings-Tagundnachtgleiche oder dem Widder-Punkt, wie wir bereits gesehen haben; der südliche Mondknoten am Punkt der Herbst-Tagundnachtgleiche, dem Waage-Punkt, wird mit Dualität assoziiert. Eva zieht Adam in die Welt der Dualität, der Beziehung, der weiteren Inkarnation, indem sie auf die Schlange hört. Später bringt Eva die Maria auf die Welt, und Gott tritt durch sie in die Menschheit ein und bringt aus Adam den Christus hervor. Hier würde ich annehmen, dass Eva und Maria zwei verschiedene Facetten des kosmischen weiblichen Prinzips darstellen. Indem wir auf die Schlange hören, verwickeln wir uns weiter in die Dualität und die Welt der Form; indem wir auf Gott hören, werden wir wieder mit der Einheit zurückverbunden.[9]

In Abbildung 4 haben wir ein recht hübsches Bild von einem Uroboros, das von einem langen Gedicht begleitet wird, von dem ich die ersten Zeilen zitieren möchte, da sie auf ihre Weise beschreiben, was das Bild zeigt:

Zeit ist eine welkende Blume im weiten Rund der Ewigkeit.[10]

Um den Rand läuft eine griechische Inschrift, die sich auf »zeitlos« und »zeitlich« bezieht.

Im englischen Volksbrauchtum wurden Drachen mit Unfruchtbarkeit und Ernteausfall assoziiert; sie mussten getötet werden, um die Fruchtbarkeit zu sichern und um das Fortbestehen des Clans zu schützen. Die keltische Mythologie verbindet den Jäger Herne sehr häufig mit Drachen; zuweilen wurde er auch von einem »Kriozephalus« begleitet, einer widderköpfigen, gehörnten Schlange. Die gleiche seltsame Kreatur finden wir auch im Gotte Amma, dem vierfarbigen Regenbogen in der Mythologie des Dogon-Volkes in Afrika. Die Dogon besaßen bekanntlich ein sehr umfassendes Wissen über die Sterne, besonders den Stern Sirius.[11] In der chinesischen Mythologie wurden Drachen sehr hoch kultiviert, und man sprach ihnen verschiedenartige und individuelle Charakteristika zu. Drachen können assoziiert sein mit Macht und Glück, aber auch über verschiedene Aspekte des Lebens herrschen. Im Buddhismus sollen drachenähnliche Wesen die vier Kardinalsrichtungen hüten.

Verallgemeinernd können wir feststellen, dass der Drache in östlichen Kulturen deutlich mehr zu Hause ist und als wertvoller Teil des Lebens betrachtet wird, wohingegen im christianisierten Westen das Motiv des »Drachentöters« vorzuherrschen scheint. Wir kennen sogar die Bezeichnung »Drachen« für eine Frau, die leicht reizbar ist – oder vielleicht nur zu sich steht und vor keinem Konflikt zurückschreckt! Ich denke, das ist deutlich genug. Vielleicht spiegelt es wider, was ich oben schon erwähnte: die einseitige Betonung der solaren Prinzipien, ohne dass der lunaren Seite des Lebens und der inneren Psyche ein entsprechender Wert zugemessen wird. Ich persönlich meine, dass wir diese Verzerrung bei unserer Interpretation der Mondknotenachse zu vermeiden haben.

Das folgende Zitat fasst das Potential der Mondknoten als eine Achse der Bewusstseinsentwicklung wunderbar zusammen. Es mag von Bedeutung sein, dass diese Worte aus dem Sufismus kommen, also aus einer Tradition, die ihre Wurzeln im Mittleren Osten hat – zwischen Ost und West. Sie beziehen sich auf die Zeit der Finsternis, wenn die Sonne den Mondknoten begegnet.

Der Eintritt in den Torweg auf der Reise zu Gott bringt einen in eine zwiespältige Situation. Man hat den Weg angetreten, doch dabei wurde die Psyche geöffnet für alle Gefahren, die die Reise birgt. In den traditionellen Mythen werden diese Gefahren oft als Dämonen oder Drachen geschildert … In der Astronomie bezieht sich der Drache auf die Mondknoten, die diametral gegenüberliegenden Schnittpunkte der Bahnen von Mond und Sonne … Für den Mystiker symbolisiert der Drache den Ort der Begegnung von Sonne und Mond im Inneren. Der Drache kann den Mond verschlingen – symbolisch das spirituelle Herz des Mystikers –, oder er kann als Ort oder Gefäß der Empfängnis dienen. Durch den Eintritt des Drachens, wenn die Sonne bei den Mondknoten steht, wird der Mond oder das Herz empfänglich. Also muss man den Drachen in vollem Bewusstsein der Gefahren betreten, um die Finsternis in seinem kosmischen Leib zu erwarten.[12]

Der nördliche Mondknoten

Lassen Sie uns zuerst über den nördlichen Mondknoten sprechen. Hier können wir die mythische Begegnung des Helden mit dem Drachen symbolisiert sehen. Der Sonnenheld begibt sich auf eine Suche. Er muss etwas finden, das verloren wurde, einen Preis oder Wettbewerb gewinnen oder vielleicht gar eine Heldin befreien, die gefangen oder in Not ist. Es erübrigt sich zu sagen, dass er unterwegs den verschiedensten Drangsalen begegnen wird. Der nördliche Mondknoten und die Spuren, die von ihm fortführen, werden also etwas über die Natur dieser Suche aussagen. Als ob des Menschen Leben eine Oper oder ein Märchen wäre, zeigt er den Zweck, das wichtigste Ziel, das heldenhafte Unterfangen. Wir, die Zuschauer, wissen jedoch: Wo auch immer ein Held ist, da ist der Drache nicht weit! Sonnenhelden ziehen Drachen an – und umgekehrt. Wir sprechen hier über die Sonne und den Mond, aber auch über den nördlichen und den südlichen Mondknoten.

Wenn Sie im Laufe dieser Reise, bei der Erfüllung Ihrer Aufgabe von Ihren Ursprüngen, Instinkten, den jeweiligen Zyklen von Nahrung und Ruhe und all diesen guten lunaren/Südknoten-Themen zu weit abweichen, dann kommt der Drache brüllend hervor. Auch wenn Sie versuchen, ausschließlich solar und strahlend zu sein, werden Sie den Drachen anziehen – aus Ihrem Inneren, aus Träumen, aus der Umwelt, aus einer anderen Person. So oder so wird er unausweichlich kommen. Er mag sich nähern in Gestalt von Symptomen in Ihrem Denken, als emotionelle Probleme, oder im Bereich des Körpers und im materiellen Leben, wenn Dinge schief gehen und Sie in die Vergangenheit zurückgezogen oder in Depressionen gestürzt werden – oder einfach nach einem Höhenflug unsanft landen.

Der nördliche Mondknoten stellt den potentiellen Sonnenhelden dar, der auch das Risiko eingeht, von dem Drachen verschlungen zu werden, dem er sich in einer Form stellen muss. Hier liegt ein großes Paradoxon. Man kann den Drachen nicht immer einfach töten, denn manchmal könnte der sich vermehren wie in der Geschichte von Herakles und der Hydra. Hier dürfte etwas anderes notwendig sein. Wenn der Drache ein Bild des schrecklichen, verschlingenden Teils des Lunar-Femininen ist, dann könnte es angebracht sein, ihn zu verehren und ihn zu hofieren, bis er uns erlaubt, eine andere Seite zu sehen, die Seite der femininen Seelenqualität, die den Helden in der Not unsichtbar nähren, unterstützen und inspirieren kann. Doch manche Drachen müssen einfach getötet werden! Am nördlichen Mondknoten gilt es also weise zu unterscheiden. Die Waffe des Helden ist vorzugsweise das Schwert der Einsicht, des Ausgleichs und der Gerechtigkeit, und nicht der Knüppel oder eine Keule, die mit dem Verlangen geschwungen werden, ohne Rücksicht auf die Konsequenzen voranzupreschen. Erkennen Sie die Symbolik der Waage/ Widder-Polarität?

Aus dieser Sicht betrachtet entspricht der nördliche Mondknoten dem Ort, auf den wir gerade zugehen. Mit den bereits erwähnten Qualifikationen zeigt der nördliche Mondknoten in der Tat, wohin es uns bestimmt ist zu gehen und was wir dabei gleichzeitig von unserer Vergangenheit hinter uns lassen sollen. Wenn wir nun beispielsweise denken, etwas sei der alleinige Zweck des Lebens, oder wenn es uns an Unterscheidungsfähigkeit mangelt, so bedeutet dies eine Störung des Gleichgewichts. Dann geraten wir in einen Konflikt mit dem lunaren Bereich und stellen fest, dass wir die Drachenbekämpfung zum Lebensunterhalt betreiben! Der nördliche Mondknoten ist der Bereich, wo wir Neuland erschließen. Da haben wir uns vielleicht auf etwas einzulassen, für das wir uns nicht unbedingt als geeignet empfinden. Wir müssen Mühe und Arbeit einbringen sowie Motivation und Willenskraft einsetzen. Die Aktivität unter dem nördlichen Mondknoten fällt einem nicht in den Schoß, auch wenn die Mondknoten günstig aspektiert sind. Hier ackern Sie auf nie gepflügtem Boden – oder auf Ihrem eigenen Zahnfleisch!

In der traditionellen Astrologie wurde der südliche Mondknoten von Saturn regiert und der nördliche von Jupiter; dies scheint in gewisser Hinsicht dem zu widersprechen, was ich sage. Doch ich denke, die Jupiter-Dimension des nördlichen Mondknotens zeigt sich, wenn wir in jenen Lebensbereich, den Haus und Zeichen hier symbolisieren, wirklich Energie investieren. Dann kann der Lohn durchaus von Bedeutung sein, vergleichbar den Zinseszinsen. Wenn wir zum Bild von der Reise des Helden zurückkehren, werden Sie am nördlichen Mondknoten wahrscheinlich Hilfe anziehen. Denken Sie nur an die hilfreichen Tiere in Märchen oder an freundliche Menschen, die Sie auf Ihrer Reise begleiten; es kann auch im rechten Augenblick eine glückhafte Wendung der Ereignisse eintreten. Natur und Beschaffenheit einer solchen hilfreichen Wendung lassen sich manchmal durch eine Untersuchung des Herrschers am nördlichen Mondknotens erschließen. Ihr allgemeiner Zustand wird im Horoskop aus Haus, Zeichen und Aspektierung der Mondknoten verdeutlicht.

Teilnehmer: Was ist, wenn man eine Konjunktion von Pluto und nördlichem Mondknoten hat?

Melanie: Nun, es gibt eben solche Fälle, in denen gilt: »Wer solche Freunde hat, braucht keine Feinde mehr!« Doch Spaß beiseite, schwierige Aspekte zum nördlichen Mondknoten zu haben, könnte bedeuten, dass die nützlichsten Lektionen und produktiven Gelegenheiten sich als Hindernisse, Schwierigkeiten oder Probleme tarnen. Sie in Angriff zu nehmen hilft, die nötige Energie oder Schubkraft zu erzeugen. Es bedeutet auch, dass es umso wichtiger ist, sich mit seinem südlichen Mondknoten gut zu vertragen. Wenn Sie an die qualitative Dimension denken, geht es in der Mondknotenachse ebenso sehr um die Ausbildung von Charakter, Seele und inneren Qualitäten. Die »Reise des Helden« ist eine Parabel, eine Metapher für einen inneren Prozess: Wie weit dieser äußere Form und Gestalt annimmt, hängt vom Leben des jeweiligen Individuums ab.

Teilnehmer: Könnte Jupiter auch ein Signifikator für den Helden sein wie seine Sonne?

Melanie: Nicht ganz. Wenn Sie zur Sonne emporschauen, blicken Sie immer zum Zentrum des Sonnensystems. Ich finde dies so poetisch. Die Sonne ist tatsächlich der innerste von allen Planeten, auch wenn wir dies nur allzu leicht vergessen! Das Ziel der Reise des Helden – welche äußere Form sie auch immer annehmen mag – ist die Begegnung mit jener inneren, spirituellen Sonne im eigenen Inneren. Wenn Sie hingegen zu Jupiter schauen, dann ist Ihr Blick nach außen gerichtet. Jupiter gehört zu den gesellschaftlichen Planeten. Er ist nicht der Held an sich. Es hat fast den Anschein, als bedürfe die Reise des Helden sowohl der individuellen Anstrengung als auch des Segens der Götter, also des Bereiches von Jupiter. Dieser kann die Gnade sein, die Erkenntnis, dass Sie sich zwar vielleicht auf einer Solo-Reise befinden, diese aber auch nicht allein schaffen können. Sie brauchen die Hilfe von anderen Menschen und auch aus der Welt des Geistes, aus dem Unbewussten oder wie auch immer Sie wundersame Eingriffe nennen oder erklären.

Teilnehmer: Ist Jupiter vielleicht der Ursprung des Helden?

Melanie: Ja und nein! Am Ende seiner Reise wird der Held das Bedürfnis und den Wunsch haben zu sozialisieren, was er gelernt oder entdeckt hat. Dies ist nicht unbedingt gleichbedeutend mit der Mission, andere zur Wahrheit des von ihm Erfahrenen zu bekehren – das wäre vielleicht Jupiters Stil! Doch mit der Rückkehr des Helden ist das Dilemma verbunden, auf welche Weise er in der Welt sein und der inneren Strahlkraft gerecht werden kann. In diesem Sinne würde ich mit Ihrer Idee übereinstimmen, dass es auch eine Resonanz mit Jupiter gibt. Die Frage ist, wie Sie Ihre Teilhabe an der Gesellschaft und an der Welt so weit ausdehnen, dass sie sich mit Ihren Glaubensinhalten und Ihren Überzeugungen deckt, auch mit Ihrem Glauben an Ihr eigenes höheres Selbst. Denken Sie daran, die Mondknoten sind die Beziehung zwischen Sonne, Mond und Erde, also drängt hier etwas zur Inkarnation.

Teilnehmer: Könnte Jupiter die Grenze der Kapazitäten markieren?

Melanie: Von der Möglichkeit und dem Potential her gesehen bestimmt. Jupiter ist auch unser Empfinden von Hoffnung, Glauben und Vision. Wenn die Suche des Helden schließlich einem goldenen Ring gilt, der vom Grund eines Brunnens zu holen ist, muss der Held eine Vision von der Möglichkeit haben, er muss Hoffnung empfinden und an den positiven Ausgang glauben, sonst verspeisen die Drachen ihn einfach zum Frühstück! Die Suche ist erst dann vorüber, wenn er dort hinuntergelangt, den Ring zu fassen bekommt und ihn zur Prinzessin zurückbringt. Auf diesen Akt folgt dann ein weiteres Kapitel seiner Reise. Vielleicht heiratet er sie, was die Geschichte auf die soziale Ebene befördert, und da hört das Märchen dann gewöhnlich auf! Dies alles ist sehr wohl das Territorium des nördlichen Mondknotens – wo das Märchen endet und das wirkliche Leben beginnt, wenn sich etwas in der Welt manifestiert.

Der südliche Mondknoten

Gehen wir nun weiter zum südlichen Mondknoten; er ist ein Erbgut, ein Vermächtnis, das Sie mit sich bringen. Dies kann manchmal erkennbar von den Ahnen stammen, und bei einigen Menschen ist es sogar noch weiter individualisiert, etwa als eine Begabung oder ein Talent, das in der Familie noch nie zuvor aufgetreten ist. Wenn Ihnen die Metapher Reinkarnation sinnvoll erscheint, dann können Sie sich vorstellen, am südlichen Mondknoten Echos von dem zu finden, was Ihre Seele hierher mitgebracht hat, um in diesem Sinne damit zu arbeiten. Diese alten Themen und Belastungen können die Entfaltung Ihres Potentials unterstützen oder behindern und werden damit zu einem sehr wichtigen Teil der Reise.

Teilnehmer: Könnten Sie das erläutern? Ich meine, setzen Sie den nördlichen Mondknoten mit Potential gleich und den südlichen Mondknoten mit dem, was es behindert oder unterstützt?

Melanie: Nicht ganz. Es kann so oder so sein. Der südliche Mondknoten kann ebenfalls Potentiale anzeigen, die oftmals nicht in der Form freigesetzt werden, in der sie zu Ihnen gekommen sind oder in der Sie sie mitgebracht haben. Sie müssen am nördlichen Mondknoten mit Hilfe von dessen Qualitäten überarbeitet und aktualisiert werden. Manchmal zeigt der südliche Mondknoten spezifisch ererbte Themen oder Verbindungen zu einem früheren Leben an, die es Ihnen erschweren, das zu manifestieren, was Sie sich am nördlichen Mondknoten vielleicht auszudrücken bemühen. Umgekehrt kann es Unterstützung und die positive Seite Ihres Erbes und der Ahnen bedeuten, die Ihnen tatsächlich hilft. So oder so geht es um das, was Sie mitgebracht haben, sei es im genetischen Sinne oder auch als individuelles Potential. Wenn Sie zum Beispiel von Natur aus musikalisch sind, dann ist es kein Wunder, wenn Sie Musiker werden und ein Instrument spielen können; allerdings erfordert es Zeit und Mühe. Solange Sie angesichts Ihres eigenen Potentials bloß im Zustand der Verzauberung verharren, werden Sie nichts damit manifestieren und können die kreative Möglichkeit nicht erfüllen.

Reinkarnation

Einige Menschen assoziieren den südlichen Mondknoten mit früheren Leben. Ich denke, wenn Sie diese Perspektive verwenden, sollten Sie die ganze Mondknotenachse berücksichtigen, ja sogar das ganze Horoskop einbeziehen. Schließlich führen die Mondknoten in die zeitlose Dimension. Wenn Sie ein Horoskop deuten und nach »Reinkarnation« gefragt werden, ist es wohl angebracht, zunächst festzustellen, was Ihr Klient sich darunter vorstellt. Das heißt, prüfen Sie diesbezügliche Informationen aus der Perspektive und im Hinblick auf die jeweilige

Philosophie der Person. Wenn Sie in Bezug auf den südlichen Mondknoten von Erbe sprechen oder ein anderes Wort verwenden und im Rahmen der astrologischen Grundbegriffe bleiben, dann kann Ihr Klient die Information gedanklich mit den jeweiligen Ebenen seiner oder ihrer inneren Erfahrung verknüpfen. Wenn Ihnen jemand eine spezifische Erinnerung oder Szene schildert und sich bei dieser Information derartig engagiert, dass es Energie in Bewegung bringt, so ist dies meiner Ansicht nach nützlicher, als sich den Kopf darüber zu zerbrechen, woher es kommt oder ob es »wirklich« eine Erinnerung an ein früheres Leben ist.

Der Glaube an die Reinkarnation kann uns – wie jedes andere Konzept, auch jede psychologische oder astrologische Theorie – in starren Denkmustern befangen halten und zur Flucht aus der Gegenwart verhelfen. Doch unsere Sprache über die Zeit ist oft nicht flexibel genug, um die Feinheiten dieses Bereiches zu erfassen, und wenn wir dann auf ungeeignete mechanistische Begriffe verfallen oder sehr lineare Denkweisen pflegen, geraten wir, wie ich meine, in den Bereich der Illusion. Die Zeit ist nicht ausschließlich linear, und es gibt viele Arten von Zeit. Manchmal fragen Menschen nach früheren Leben, um Ursachenzusammenhänge in eine andere Dimension abzuschieben. Wenn Sie sich darauf einlassen, indem Sie Information entsprechend zurechtmachen, werden Sie zum Komplizen und tragen zur weiteren Entmündigung Ihres Klienten bei. Andererseits wäre es naiv, ja narzisstisch zu glauben, dass dieses Leben hier alles sei. Es gibt mehr Dinge im Himmel und auf Erden, als wir wissen – um das bekannte Shakespeare-Zitat etwas zu entstellen! Als Astrologen können wir unseren Klienten am besten dienen, wenn wir offen genug sind, ihnen wirklich zuzuhören, anstatt ihnen unsere eigene Metaphysik überzustülpen. Wir sollten uns bemühen, die Information aus dem Horoskop so zu vermitteln, dass den Klienten genügend Raum bleibt, um sie auf eigene Weise anzunehmen.

Ausgleich

Die Gaben und Möglichkeiten, die am südlichen Mondknoten existieren, bedürften einer gewissen Verankerung oder Aufarbeitung, um zu einem brauchbaren, nützlichen und produktiven Teil im täglichen Leben des Klienten zu werden. Hierzu werden die Qualitäten des nördlichen Mondknotens benötigt. Sie können sicher nachvollziehen, in welche Richtung wir uns jetzt bewegen. Ich vertrete die Position, dass der Tanz der Mondknoten eine Bewegung des Gleichgewichts und nicht Stillstand ist. Es gilt kein: »Du musst deinen südlichen und deinen nördlichen Mondknoten in Gang bringen, dann wirst du allezeit glücklich leben.« Vielmehr geht es um einen dynamischen Prozess des ständigen Ausgleichens, des Aus-dem-Gleichgewicht-Geratens und des erneuten Ausgleichens.

Erinnern wir uns: Der Mond kreuzt das nördliche und das südliche Ende der transitierenden Mondknotenachse einmal im Monat. Die Sonne überquert beide Enden der Mondknotenachse je einmal im Jahr und bestimmt damit zweimal im Jahr die Phase der Finsternisse. Die Mondknotenachse wiederum nimmt ihren Weg langsam rückwärts durch den Tierkreis; im Uhrzeigersinn umrundet sie den Zodiak in 18,618 Jahren. So wandert sie Schritt für Schritt rückwärts durch das Horoskop, wobei sie einen Planeten nach dem anderen im Gleichgewicht hält, von neuem ausgleicht und stimuliert, sei es mit dem nördlichen oder mit dem südlichen Mondknoten. Darüber hinaus erhalten wir ständig Transite, sowohl der langsamen als auch der schnellen Planeten, die unsere Mondknotenachse kreuzen. Wir werden dies später noch eingehender besprechen, aber ich wollte Ihnen die Variationsbreite dieser Vielzahl von Reizen aus den Verbindungen zwischen der transitierenden Mondknotenachse und den Planeten vermitteln, und auch die Mondknotenachse im Geburtshoroskop empfängt solche Impulse. Ich meine, dies hilft uns, unser Denken über jene gerade Linie hinaus zu erweitern, die quer übers Horoskop gezeichnet ist!

Die Mondknotenachse repräsentiert das, was sich von unserem Innenleben im Äußeren niederschlägt, und deshalb können wir sie schicksalhaft erleben. Marc Edmund Jones bezeichnet sie sogar als die »Schicksalsachse«. Wie wir gesehen haben, ist die Mondknotenachse der Schnittpunkt von solarem und lunarem Prinzip unter Einbeziehung der Erde. An diesem Punkt soll etwas geschehen, soll etwas Teil unseres Lebens sein und auch unsere Weltanschauung beeinflussen. Wenn wir unsere Definition erweitern, umfassen die Mondknoten nicht nur unser Leben in der Inkarnation, sondern auch andere Existenzebenen, von denen uns einige bekannt sind und andere wiederum nicht. Damit haben die Mondknoten auch viel mit wichtigen Beziehungen, Bindungen und Bündnissen, sei es mit Individuen oder mit Gruppen, zu tun. Ich würde mit den Mondknoten auch die Dimension der inneren Beziehung hervorheben, in der sie den Weg symbolisieren, der zur *coniunctio*, zur heiligen Hochzeit der Gegensätze im Inneren, führt, die, in Harmonie vereint, aus dem Grunde unseres Wesens das göttliche Kind hervorbringen.

Mondknoten-Beziehungen können von jeder Art sein – als Geliebter, als Lebenspartner, als Freund, Mitarbeiter, Kollege, Rivale, Feind, Elternteil, Bruder, Schwester, Mentor, Guru –, und sie können tot oder lebendig sein. Die genaue Form der Beziehung wird durch die Mondknotenachse nicht festgelegt. Mondknoten-Beziehungen können sogar zu jemandem bestehen, dem Sie nie begegnen werden, weil er vielleicht schon vor 200 Jahren gestorben ist – zu einem Komponisten, dessen Musik Sie tief inspiriert, oder zu einem bestimmten Forscher, dessen Geschichte Sie auf geheimnisvolle Weise in ihren Bann zieht und durch die Sie alles Mögliche über sich selbst erfahren. Das Merkmal einer Mondknoten-Beziehung ist, dass Sie sich in Verbindung mit der anderen Person irgendwie mehr als »sie selbst« fühlen, sich stimmiger, vollständiger, heiler erleben. In der

Astrologie ist die Opposition, die 180°-Verbindung, der Winkel der Erkenntnis, die wir oft wird durch einen Prozess des Konflikts, der Oszillation oder gar der Begegnung mit dem eigenen Gegenteil in anderen gewinnen.

Mondknoten-Beziehungen, Verbindungen mit Gruppen oder Individuen, berühren uns zutiefst in unserem Kern. Obwohl ich diese Wahrheit selbst beobachtet habe, verstand ich zuerst nicht, warum die Mondknoten so stark mit Gruppen-Allianzen, Institutionen und dergleichen in Verbindung stehen. Dann erkannte ich, dass jede Gruppe ein lunarer Organismus ist, wie eine Gebärmutter oder ein Volksstamm. In gewissem Grade wird unsere Einstellung zu Beziehungen und unser Verhalten in einer Partnerschaft von den Mondknoten angezeigt. Es ist wie eine Wippe. Unsere Einstellungen zu Verbindungen und unsere Art der Vereinigung am südlichen Mondknoten sowie unser Verhalten in der Trennung am nördlichen Mondknoten können dargelegt werden, und ebenso die Aktivitäten, Qualitäten und Umstände, die diese Pendelbewegung auslösen. Sehr häufig, wenn Transite mit hartem Aspekt zur Mondknotenachse eintreten oder auch wenn die transitierende Mondknotenachse einen der Planeten im Geburtshoroskop auslöst, werden wir einer Person oder Situation begegnen, die irgendwie unser eigenes Gegenteil verkörpert, das wir im Interesse unserer eigenen Ganzheit annehmen und integrieren müssen. Auf diese Weise sind Mondknoten-Beziehungen immer eine Herausforderung, denn Sie führen uns über das hinaus, mit dem wir uns im Laufe der Zeit identifiziert haben, oder sie konfrontieren uns mit unserer eigenen, ungelösten Vergangenheit. Wir werden später auf das Thema Beziehungen zurückkommen, wenn wir über die Deutung der Mondknoten im Horoskop sprechen.

Aufnehmen und Abgeben

Im Rahmen unserer weiteren Erforschung der Mondknoten möchte ich nun gerne eine Perspektive vorstellen, die wir Dane Rudhyar[13] zu verdanken haben. Er gebraucht die sehr biologische Bildersprache des Stoffwechsels, mit dem Begriff Nahrungsaufnahme am nördlichen und Ausscheidung am südlichen Mondknoten. Wenn wir an unser Bild vom Drachen denken, scheint der nördliche Mondknoten zu zeigen, was hereinzunehmen und zu verdauen ist – oder tatsächlich auch, wo man sich verschlungen fühlen kann. Der südliche Mondknoten birgt, was auszuscheiden und/oder zu transformieren und loszulassen ist. Am nördlichen Mondknoten spricht Rudhyar über Kauen und Essen, was Anstrengung bedeutet, und erwähnt auch die Vorsehung, die Hilfe Jupiters. Hier bauen wir die Persönlichkeit auf und bringen neues Material in den Stoffwechsel und Verdauung ins Leben. Am nördlichen Mondknoten beißen wir ins Leben hinein, müssen Erfahrung verinnerlichen und strengen uns an, uns der Existenz anzupassen.

Am südlichen Mondknoten gibt es einen gewissen Automatismus. Dieser Mondknoten symbolisiert das, was nicht mehr gebraucht wird, was von selbst kommt und was deshalb zum eigenen Ruin führen kann. Um nicht dem »Woher-und-wohin«-Irrtum zu erliegen, können wir uns dies hier vielleicht wieder als einen natürlichen, zyklischen Prozess vorstellen. Es gibt Zeiten, in denen zeigt der südliche Mondknoten, was giftig werden und wirken kann, wenn man es festhält; es verwest, ist unbrauchbar, überholt und muss ausgeschieden werden. Das ist die negative Bedeutung des südlichen Mondknotens. Er kann der Ort sein, an dem wir etwas für selbstverständlich halten, wo uns etwas leicht fällt. Dort laufen wir Gefahr, uns von ihm beherrschen zu lassen, uns irrtümlich darauf zu verlassen und dann zu stagnieren. Vielleicht ist dies die Verbindung zu Saturn, in der wir zum Stillstand kommen können, gefangen in der scheinbaren Leichtigkeit dessen, was uns »natürlich« erscheint.

Dann kann der südliche Mondknoten unser Weg des geringsten Widerstandes sein, auf dem wir den geringsten Aufwand benötigen und auf dem wir stets fortfahren, unsere Erlebnisse und Schwächen zu wiederholen. Im Gegensatz hierzu geht es beim nördlichen Mondknoten mehr um Anstrengung und den Einsatz von Motivation und Willenskraft. Rudhyar sagt im Grunde, dass der positive Brennpunkt der bewussten Existenz am nördlichen Mondknoten eingerichtet werden sollte. Am südlichen Mondknoten, so Rudhyar, brauche man eigentlich keine Lebensgeschichten oder Persönlichkeit aufzubauen, weil hier der Ort des Loslassens ist, nicht der der Entwicklung. Doch was man am südlichen Mondknoten vertritt oder wer man ist, kann weiter-»entwickelt« werden, indem man es einem höheren Ideal weiht und es damit in das Leben entlässt, was wiederum, wenn ich es recht verstehe, ebenfalls das Wirken des nördlichen Mondknotens erfordern wird. Hier haben wir eine andere Perspektive, die jene Vorstellung ad absurdum führt, das eine Ende sei »gut«, das andere »schlecht«, denn auch über den südlichen Mondknoten können überaus schöpferische Dinge freigesetzt werden. Um Rudhyars Vorstellung hier abzurunden, sei ergänzt, dass er schreibt, ein Planet in Konjunktion mit einem Mondknoten gleiche einem Brennpunkt des Bewusstseins, einer Linse, die Energie auf sehr machtvolle und sogar zwanghafte Weise konzentriere.

Teilnehmer: Freisetzung kann positiv sein, allerdings nicht nach dem Motto »und tschüss...«. Kann es ein Freisetzen sein, bei dem wir tatsächlich mit etwas arbeiten?

Melanie: Ja, es kann jedes für sich und beides zugleich sein. Wenn wir Rudhyars Analogie von der Verdauung betrachten, geschieht Freisetzung, wenn wir etwas als Unrat ausscheiden, was verdaut und ver-braucht ist, da wir es nicht mehr ge-brauchen. Es noch festhalten zu wollen, würde tatsächlich zu einer Vergiftung des Organismus führen. Das ist die eine Art von Freisetzung. Die andere Art ist, die Früchte von etwas ins Leben hinauszuentlassen. Dies ist ebenfalls eine Funktion des südlichen Mondknotens. Der nördliche Mondknoten zeigt, wo die Schwerarbeit geleistet werden muss, wo unser Willen, unsere Ausdauer und Beharrlichkeit auf die Probe gestellt werden. Manchmal wird das genau inspiriert oder unterstützt von der Beschaffenheit oder der Art dessen, was freigesetzt oder entlassen wird.

Ich hoffe, dies hat dazu beigetragen, Ihnen die Vorstellung nahe zu bringen, dass das Pendeln, das dynamische Balancieren zwischen den beiden Enden der Mondknotenachse hier so etwas wie ein Schlüssel sein könnte. Sich auf das eine oder andere Ende der Achse zu konzentrieren bedeutet, aus dem Gleichgewicht zu sein. Der Versuch, das flüchtige Empfinden eines Gleichgewichts einzufrieren, sobald es wahrgenommen wird, würde bedeuten, aufzuhören zu leben.

Rutschbahn und Leiter

Gestern Abend sprach ich mit einer Freundin über die Mondknoten, und sie sagte: »Ach, das ist wie bei Rutschbahn und Leiter. Der nördliche Mondknoten ist die Leiter, der südliche Mondknoten die Rutschbahn.« Wäre unser Leben ein Brettspiel, dann müssten Sie, wenn Sie auf einem Feld mit einer Leiter landen, einen dem nördlichen Mondknoten gemäßen Aufstieg unternehmen: Sie strengen sich an und Sie wollen weiterkommen. Unterwegs jedoch würfeln Sie erneut und Sie kommen auf ein Feld mit einer Rutschbahn! Und schon geht es wieder zurück, hinunter an den Anfang der Leiter: »Geh zurück auf Los und zahle 200 Mark Strafe«.[14] Dies ist ein anschauliches Bild von dem dynamischen Ausgleichsvorgang der Mondknoten und auch von dem Rückwärts- und Vorwärts-Taumeln des wahren Mondknotens durch den Tierkreis; er windet sich hin und her und »schlängelt« so seinen Weg entlang. Diese feinen Schwingungen erinnern uns auch an die dynamische, bewegende Qualität der Mondknoten-Erfahrung.

Der Drahtseilakt

Natürlich neigen die Mondknoten dazu, einen ganzen Fragenkomplex um Bestimmung und Schicksal aufzuwerfen, und ich habe hier eine Definition von Antero Alli, die mir wirklich gefällt. Er sagt: *Bestimmung ist alles, was uns passiert und so lange unbekannt bleibt, bis es passiert.*[15] Dies bedeutet, wenn Sie reflektieren und ergründen, mag es Ihnen gelingen, das Warum oder Wie zu entdecken, doch die Bestimmung bleibt unbekannt, bis sie eintritt. Weiter definiert Alli Schicksal als die Art, *wie wir uns entscheiden, auf unsere Bestimmung zuzugehen, mit der Vision eines Lebensziels.* Angenommen, es kommt zu einer Tragödie. Die eine Person zieht sich in eine Ecke zurück und fängt nun an, sich als »Opfer« zu fühlen. Die andere Person setzt ein Signal und sagt: »Ich werde mich davon nicht unterkriegen lassen« – darin liegt der Unterschied.

Antero Alli beschreibt auch, wie die Mondknoten uns zeigen können, wo und wie wir vom Weg abkommen, und verwendet hierfür das Bild eines Drahtseilaktes. Die Mondknoten als Punkte im Raum sind wie ein Drahtseil, das zwischen Sonne, Mond und Erde gespannt ist. Die Mondknoten im Horoskop stellen vielleicht ein Bild von uns dar, wie wir eine Balancierstange tragen und uns auf diesem Drahtseil fortbewegen, umgeben von nichts als Luft! Alli schreibt, dass die Mondknoten zeigen, wo wir Anweisungen für unser Vorankommen entschlüsseln können, indem wir über den nördlichen Mondknoten erkennen, wie Trägheit und Gewohnheiten aus der Vergangenheit unser Wachstum behindern (das ist der südliche Mondknoten). Es liegt auf der Hand, dass man dies nur sehen kann, wenn man sich tatsächlich auf dem Drahtseil befindet. Wenn man an einem Ende im Gleichgewicht ist, kann man nicht nur herunterfallen, bevor man das Drahtseil auch nur betreten hat, sondern es könnte auch unmöglich sein, von einem Ende zum anderen zu gelangen. Das Balancieren zwischen den Gegensätzen ist vielleicht die Mondknoten-Reise.

Alli gebraucht das Wort »Widerstände« im Zusammenhang mit dem südlichen und »Anregungen« beim nördlichen Mondknoten. Dies ist sehr interessant und funktioniert in der Praxis. Er beschreibt den nördlichen Mondknoten als einen Wirbel von Neuem und einen Ort, an dem wir aus der »Betäubung durch das Vertraute« herausgerissen werden. Mit anderen Worten, das unbewusste, automatische Verharren im gewohnten Rhythmus entspricht dem südlichen Mondknoten, dem Mond/Venus/Saturn-Ende der Mondknotenachse. Was uns aus diesem Zustand wachrüttelt, ist ein Erlebnis des nördlichen Mondknotens am Sonne/Mars/Jupiter-Ende der Mondknotenachse. Hier ist ein entscheidender Punkt der Herausforderung und ein Tor oder Weg zum zukünftigen Selbst. Wenn Sie sich jedoch ständig nach dem nördlichen Mondknoten orientieren, werden Sie zum »Anregungs-Süchtigen« oder »Adrenalin-Junkie«, der immer zwanghaft gegen seinen eigenen Widerstand anrennt. Das übrige Horoskop mag dies sogar unterstützen. Orientieren Sie sich in die andere Richtung, nach dem südlichen Mondknoten, scheuen Sie stets davor zurück, einen Sprung vorwärts zu machen und ein Risiko auf sich zu nehmen, dann könnten Sie in Widerstand und Trägheit stecken bleiben.

Den südlichen Mondknoten bezeichnet Alli als ein Sicherheitsnetz, geflochten aus dem, was gegeben ist. Mir gefällt dieses Bild, da es über die einseitige Vorstellung hinausgeht, der südliche Mondknoten sei »schlecht« oder wir müssten ihn ganz hinter uns lassen. Laut Alli zeigt er, wo wir »karmische Hausaufgaben« zu machen haben, wo noch unerledigte Geschäfte liegen oder lose Enden zusammenzuknüpfen sind. Doch ich denke, wenn Sie hier zu lange verweilen, könnten am Ende Ihnen selbst die Hände gebunden sein! Wenn beispielsweise Ihr Sicherheitsnetz des südlichen Mondknotens voller Löcher ist, werden Sie hindurchfallen in die Stagnation und Vergiftung. Vermutlich besteht ein gutes Netz aus allen Arten von lockeren Knoten, die noch gesichert werden müssen; Löcher sind zu flicken und das Netz zu reparieren. Ins praktische Leben übertragen, würde dies bedeuten, dass unerledigte Geschäfte auf den verschiedenen Ebenen zu Ende zu bringen sind; hierzu gehören Prägungen durch die Eltern, unerledigte »Erbangelegenheiten« oder auch Material aus früheren Leben. Sich im Netz zu verfangen, bedeutet gewiss Trägheit und Rückschritt.

Antero Alli sagt ferner, das »Netz« des südlichen Mondknotens sei der Ort, »wo wir erhalten, was uns geschuldet wird«. Diese Einschätzung geht freilich davon aus, dass das Leben oder das Universum uns etwas schuldet. Wenn Sie das für möglich halten, dann könnten Sie das Geschuldete am südlichen Mondknoten in Empfang nehmen. Sie brauchen ja nur sein Symbol zu betrachten: es gleicht einem Eimer oder Behälter, der Regen aufnimmt oder was auch immer von oben kommt. Alli sagt, hier hätten wir »zu lernen, uns selbst nicht länger im Wege zu sein«.

Teilnehmer: Geht es hier um den nördlichen Mondknoten?

Melanie: Nein, um den südlichen. Erinnern Sie sich an die Stichworte Freisetzen und Entlassen? Damit dies geschieht, dürfen wir uns nicht mehr selbst im Wege stehen. Selbst beim nördlichen Mondknoten können Sie keine Anstrengungen und Hingabe in etwas investieren, dessen bloße Existenz Sie eifrig leugnen. Als Empfangender am südlichen Mondknoten können Sie Ihr Potential einem bestimmten Zweck widmen und am nördlichen Mondknoten etwas damit anfangen. Aber wenn Sie beim Leugnen bleiben und beharren: »Nein, das habe ich nicht und das bin ich nicht«, dann staut sich die Energie, und Sie können gar nichts damit anfangen.

Alli bezeichnet den nördlichen Mondknoten als den Ort, an dem wir unser Leben in Form von Gegenwartserfahrung verwirklichen. So gesehen ist der südliche Mondknoten der Ort, an dem wir uns leicht im Glanze der Vergangenheit auf unseren Lorbeeren ausruhen können – und sei es gar der Glanz unserer Ahnen. Am nördlichen Mondknoten aber kommen wir in die Gegenwart und beginnen, unsere Zukunft bewusst zu bestimmen. Damit wird hier eine interessante Zeitlinie unterstellt – vorausgesetzt, Sie sehen das Bild nicht zu eng.

Erforschung der Mondknoten im Horoskop

Nun wenden wir uns verschiedenen Methoden zu, um die Mondknoten im Horoskop zu erkunden. Dazu werde ich Ihnen mehrere Horoskope zeigen, anhand derer ich unterschiedliche Methoden illustriere. Wenn Sie mit der Untersuchung der Mondknoten in einem Horoskop beginnen, stellen Sie zuerst die Position von Sonne, Mond und Erde fest. Dann betrachten Sie die Stellung jedes Mondknotens nach Häusern und Zeichen sowie seine Aspekte. Wenn Sie den Orbis klein halten, werden sich bei den Aspekten Differenzen zwischen beiden Enden der Mondknotenachse ergeben. Wenn zum Beispiel ein Planet ein Trigon zum einen Ende bildet, reicht es am anderen Ende nicht unbedingt zu einem Sextil. Ein Trigon ist ein Hauptaspekt, bei dem Sie einen Orbis von 7°- 8° zulassen können; ein Sextil jedoch ist nur ein kleiner Aspekt von 60°. Ich weiß, dass manche auch beim Sextil mit einem recht weiten Orbis arbeiten, doch ich neige dazu, den Orbis entsprechend der Größe des jeweiligen Aspekts einzuengen. Doch ganz gleich, wie genau Sie Ihre Vorbereitung abstimmen, bewahren Sie die Bereitschaft, bei der eigentlichen Deutung des Horoskops beispielsweise Ihre Orbes ein wenig auszudehnen, je nachdem, ob es sinnvoll erscheint und dem entspricht, was Ihr Klient Ihnen aus seinem Leben mitteilt. Ein Quadrat zu einem der beiden Mondknoten wird natürlich immer auch den anderen betreffen. Dies gilt auch für andere harte Aspekte wie das Anderthalbquadrat und das Halbquadrat, solange Sie den Orbis klein halten.

Die Dispositorenkette

Bei der Betrachtung der Abfolge der Dispositoren können wir manche signifikante Verbindungen entdecken. Wenn Sie die Mondknotenachse nehmen und an jedem Ende den herrschenden Planeten feststellen, dann das Zeichen, in dem dieser Planet tatsächlich steht, anschließend den Herrscher dieses Zeichens und so weiter, gewinnen Sie ein viel tieferes Verständnis von der Bedeutung jedes Endpunkts der Mondknotenachse. Darüber hinaus entdecken Sie planetare Themen, die in der Mondknotenachse gewissermaßen eine Resonanz auslösen. Lassen Sie uns dies am Beispiel von Rudhyars Horoskop einmal durchführen.

Mir ist bewusst, dass mehrere unterschiedliche Geburtszeitkorrekturen für Rudhyars Horoskop kursieren, aber zum Glück haben diejenigen, <die ich gesehen habe, den nördlichen Mondknoten im Zeichen Fische im 3. Haus und den südlichen Mondknoten im Zeichen Jungfrau im 9. Haus. Mit dem nördlichen Mondknoten in den Fischen blicken wir auf Neptun, den wir in den Zwillingen im 7. Haus finden. Das Zeichen Zwillinge wiederum wird von Merkur regiert, der im Zeichen Fische steht. In Rudhyars Fall gibt es also eine gegenseitige Rezeption zwischen Merkur und Neptun, der den nördlichen Mondknoten beherrscht. Wenn wir den südlichen Mondknoten betrachten, stellen wir fest, dass er im Zeichen Jungfrau ist, das ebenfalls von Merkur regiert wird. Verfolgen wir diesen – und damit eine Spur von beiden Enden der Mondknotenachse –, so gelangen wir zu der gleichen gegenseitigen Rezeption von Merkur und Neptun. Da die Achse über dem 3. und 9. Haus liegt, verstehe ich das als eine Beschreibung der Essenz seiner Bestimmung und dessen, was er zu bieten hatte. Rudhyar war ein Komponist und Musiker, bevor er zum Astrologen wurde, er war aber auch ein überaus kultivierter Künstler, Visionär und außergewöhnlicher Redner, der zudem ein gewaltiges schriftliches Werk hinterließ.

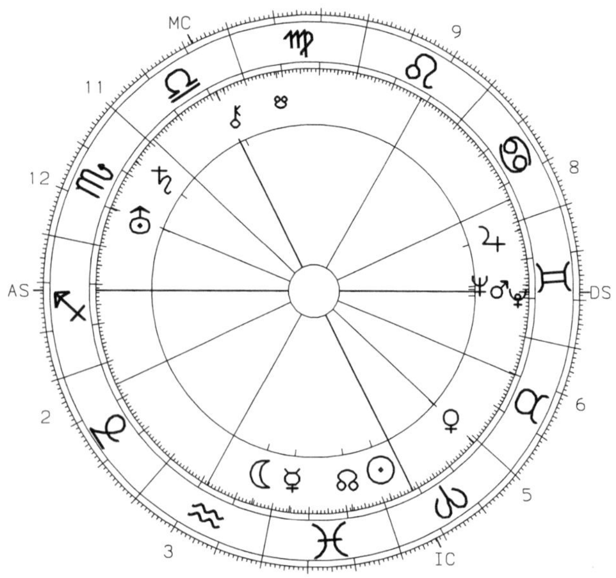

Abbildung 5: Dane Rudhyar, 23.März 1895, 00:20 GMT, Paris

Rudhyar könnte man als den Vater der zeitgenössischen psychologischen Astrologie bezeichnen, weil er einer der Ersten war, der die Begriffe und Bezugsrahmen der modernen Psychologie übernahm und sie in den Deutungsprozess integrierte. Er war bereits in der ersten Hälfte dieses Jahrhunderts aktiv und wirkte geradewegs bis zu seinem Tode im Jahr 1985; dabei baute er auf der Arbeit von früheren Autoren wie Alan Leo und Charles Carter auf. Rudhyar war es, der die humanistischen Vorstellungen und die personenzentrierte Ausrichtung in die Horoskopdeutung einführte. Das war sein Beitrag und Geschenk an die Astrologie, dazu kamen seine visionären und poetischen Formulierungen; aus seinen Schriften über die Sonne haben wir bereits einige Zeilen aus dem »Lied des Lichtes« gehört. Mir fällt gerade auf, dass ich davon ausgehe, dass Sie alle etwas von Rudhyar gelesen haben.

Teilnehmer: Könnten Sie eines seiner Werke empfehlen?

Melanie: Ja – alle! Die Lektüre von *The Pulse of Life* [16] weckte meine Hingabe an die Astrologie, obwohl ich mich schon seit Jahren dafür interessiert hatte. Dann arbeitete ich mich durch alles hindurch, was aus Rudhyars Feder stammte. Ich nehme an, die *Astrologie der Persönlichkeit*[17] könnte man als sein opus magnum bezeichnen, und *The Sun is also a Star*[18] gehört ebenfalls zu meinen liebsten Büchern. Jeder mit einem Merkur/Neptun-Aspekt wird Rudhyars Schriften vermutlich auf Anhieb lieben, aber sie sind nicht jedermanns Geschmack.

Lassen Sie uns nun wieder zu seinem Horoskop zurückkehren. Beachten Sie den nördlichen Mondknoten im 3. Haus; er deutet all das Formulieren, Kommunizieren und Schreiben an, durch das Rudhyar in Worte fasste und verbreitete, was er als Inspiration empfing. Der nördliche Mondknoten steht im Zeichen Fische, das von Neptun regiert wird. Diesen finden wir im Zeichen Zwillinge in einem Quadrat mit weitem Orbis zur Mondknotenachse; er symbolisiert Rudhyars Vielseitigkeit und den mächtigen Umfang seines Lebenswerkes auf den Gebieten Schriftstellerei, Musik und Malerei. Der südliche Mondknoten im Zeichen Jungfrau im 9. Haus steht symbolisch für die akribische Hingabe zur produktiven Nutzung seiner mannigfachen Begabungen, und dazu gehören auch der Lehrer, der Philosoph, der Weise und der Reisende. Obwohl er in Frankreich geboren wurde, machte er die Vereinigten Staaten zu seiner Wahlheimat. Rudhyar nahm zahlreiche spirituelle Traditionen und Einflüsse – östliche und westliche – auf, und ein zentrales Thema in seinen Schriften ist der Gedanke, dass unsere Zeit von entscheidender Wichtigkeit ist für die Saat neuer Ideen und Überzeugungen, die die Gesellschaft der Zukunft regenerieren werden; dies alles sind Themen des 9. Hauses. Die ganzheitliche Sicht, mit der Rudhyar das Horoskop betrachtete, können wir auch in seinem nördlichen Mondknoten im Zeichen Fische widergespiegelt sehen. Der südliche Mondknoten in der Jungfrau im 9. Haus vereinte ein enormes Spektrum von detailliertem

Wissen zu einem Ansatz, der umfassend und ganzheitlich ist und dabei doch auf seriöse Technik und gutes Verständnis baute – eben Jungfrau im 9. Haus.

Teilnehmer: Lassen sich immer beide Enden der Mondknotenachse auf ein Thema wie dieses reduzieren?

Melanie: Leider nicht! Wenn das Horoskop einen Hauptdispositor hat, dann regiert dieser auch beide Enden der Mondknotenachse. Manchmal erhalten Sie ein anderes Bild, wenn Sie die traditionellen Herrscher verwenden. Ich möchte Ihnen das anhand eines Beispiels aufzeigen: Der Geborene hat den nördlichen Mondknoten im Zeichen Wassermann, den südlichen Mondknoten im Löwen. Wenn wir mit den alten Herrschern beginnen, dann wird der nördliche Mondknoten von Saturn regiert, der wiederum in der Waage steht. Venus ist im Löwen, die Sonne in der Jungfrau, Merkur in der Waage. Hier geht die Folge also in eine Schleife aus Venus, Merkur und der Sonne über. Wenn wir dem Südende der Mondknotenachse folgen, ist es das Gleiche, das heißt wir enden in der gleichen Schleife. Setzen wir jedoch die neuen Herrscher ein, erhalten wir in diesem Falle einen sehr interessanten Unterschied: Uranus beherrscht den nördlichen Mondknoten, befindet sich in gegenseitiger Rezeption mit dem Mond und steht im Zeichen Wassermann. Damit erhalten wir an den beiden Enden der Mondknotenachse recht unterschiedliche Ergebnisse. Diese Person gibt Sprech- und Schauspielunterricht und tritt auch selbst auf. Geschichten aus verschiedenen Kulturen rund um den Globus sind eine ihrer Leidenschaften (Sonne und Merkur sind im 9., Venus im 8. Haus). Beide Planeten deuten auch Kultiviertheit und Künstlertum an. Dieser Mann beschäftigt sich viel mit Philosophie und dem spirituellen Leben, und die Mondknoten im Wassermann bzw. im Löwen kommen auch in seiner Verbindung mit einem bestimmten philosophischen System zum Ausdruck, die das Leben in einer Gemeinschaft einschließt.

Dieser Mondknoten-Drahtseilakt basiert auf dem Dilemma, solo und zugleich Teil einer Gruppe zu sein – sei es als deren

Leiter oder im Rahmen eines gemeinsamen Auftritts –, und auch auf der Ambivalenz im Hinblick auf Zugehörigkeitsthemen. Wie Sie merken, passen die beiden Enden der Mondknotenachse nicht unbedingt zusammen. Die Mond/Uranus-Verbindung am nördlichen Mondknoten hat diese Person in eine größere Distanz gebracht, als manchmal angenehm ist, gerade im Kontrast zu der sehr persönlichen Qualität der Venus/Merkur/Sonne-Schleife. Wenn wir die beiden differierenden Geschichten vergleichen, die der nördliche Mondknoten erzählen kann, stellen wir fest, dass Saturn ein vernünftiges, verantwortungsvolles und ausgeglichenes Engagement in Beziehungen mit Gruppen und Individuen verlangt, während Uranus Freiheit, Abstand und Verständnis fordert. Es erübrigt sich zu sagen, dass beide Bestrebungen nicht immer unter einen Hut zu bringen sind.

Hilfe und Hindernis

Kehren wir nun zu unserem Bild von der Reise des Helden zurück, so können wir uns die an den beiden Enden der Mondknotenachse herrschenden Planeten als Helfer oder Verhinderer vorstellen. Die Dispositorenkette wird zeigen, zu welcher Kategorie sie gehören. Bei Rudhyars Horoskop befand sich Neptun im Zeichen Zwillinge im 7. Haus; Rudhyar las und absorbierte offensichtlich sehr viel von den Veröffentlichungen anderer Autoren, was er verarbeitete und zu seinem eigenen, einzigartigen Verständnis zusammenfügte.

Nehmen wir ein anderes Beispiel und betrachten hier die Dispositoren und die Aspekte. Ich habe eine recht ähnliche Konstellation ausgewählt, um sie besser gegenüberstellen und vergleichen zu können. Es ist das Horoskop des Astrologen Jim Lewis, dem Begründer der Astro*Carto*Graphy. Die Mondknoten befinden sich in den gleichen Häusern, aber im Vergleich zu Rudhyars Horoskop in den entgegengesetzten Zeichen.

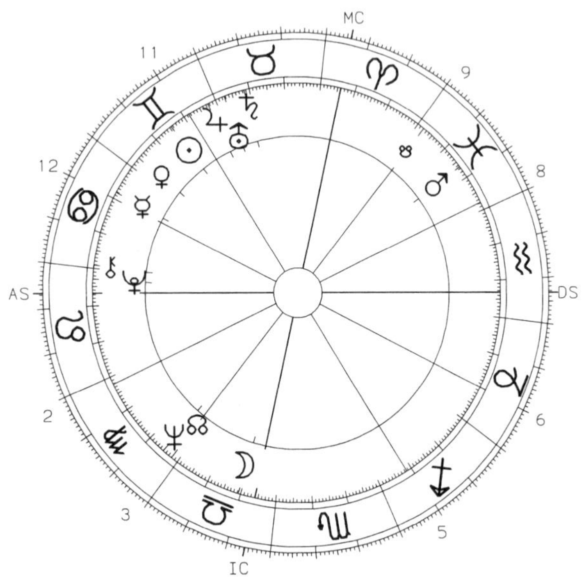

Abbildung 6: Jim Lewis, 5. Juni 1941, 9:30 EDT, New York

Hier regiert Neptun nicht nur das eine Ende der Mondknotenachse, sondern aspektiert beide wie in Rudhyars Horoskop. Er bildet zusätzlich noch eine Konjunktion zum nördlichen Mondknoten im 3. Haus. Wir stellen eine starke Ähnlichkeit fest: Wieder haben wir es mit einem Mann von sehr großer Vision zu tun, der als Vermächtnis an die Astrologen ein enormes Lebenswerk hinterlassen hat. Doch an Jim Lewis erinnern wir uns vor allem wegen seiner Technik der Astro*Carto*-Graphy, mit Dane Rudhyar assoziieren wir hauptsächlich seine visionäre Qualität. Technik ist eine Angelegenheit des Zeichens Jungfrau, in dem Jims nördlicher Mondknoten steht, während Vision mehr in den Zuständigkeitsbereich von Rudhyars nördlichem Mondknoten (Fische, 9. Haus) fällt. Interessanterweise haben beide Jupiter im Zeichen Zwillinge mit einer Winkelbeziehung zum nördlichen Mondknoten. In beiden

Horoskopen gibt es drei oder mehr Planeten in den Zwillingen, und in beiden Fällen befindet sich Merkur in einem Wasserzeichen.

Jim Lewis' Vision bestand darin, dass er den physischen Aufenthaltsort des Menschen auf der Erde als Teil und Widerspiegelung der größeren kosmischen Situation verstand. Die Astro*Carto*Graphy ist eine Methode, das Horoskop kartographisch auf die Oberfläche der Erde zu projizieren, um jene Resonanzen darzustellen. Etwas derart Komplexes auszuarbeiten, wäre ohne eine überaus starke, unterstützende Vorstellungskraft nicht möglich gewesen; der südliche Mondknoten befindet sich im Zeichen Fische im 9. Haus, dem Haus der Vision. Ich kann mir Jim Lewis gut über den Globus gebeugt vorstellen, wie er das Lebensmuster eines Individuums sieht, das sich buchstäblich in Linien um die Erde hüllt und zur Inkarnation drängt. Jim war dabei, seine großartigen Ideen weiter zu ordnen, als er starb; sein Werk wurde nach seinem Tode von Kenneth Irving, Erin Sullivan und anderen fortgeführt.[19] Freunde wurden also einbezogen, die sein Lebenswerk zu vollenden halfen; erinnern Sie sich daran, dass sich in Jims Horoskop Uranus im Stier und Venus in den Zwillingen befindet, also beide im 11. Haus, welches auch die Freunde symbolisiert. Es ist interessant, dass sowohl Venus als auch Uranus auf dem gleichen Tierkreisgrad stehen wie die Mondknotenachse.

Folgen wir weiter der Spur der Dispositoren. Der nördliche Mondknoten wird von Merkur regiert, der im 12. Haus im Zeichen Krebs steht. Dessen Herrscher, den Mond, finden wir in der Waage. Venus ist in den Zwillingen und Merkur im Mondregierten Zeichen Krebs. Wieder erhalten wir eine Schleife, in die wir auch geraten, wenn wir das andere Ende der Mondknotenachse untersuchen: Neptun regiert den südlichen Mondknoten, befindet sich aber in der Jungfrau, von der wir in die Merkur/Mond/Venus-Schleife gelangen.

Teilnehmer: Was geschieht, wenn eine solche Schleife fast das ganze Horoskop durchzieht?

Melanie: Das könnte durchaus vorkommen. Es gilt wie überall in der Astrologie: Wenn Sie mit zu vielen Einzelinformationen »herumpfuschen«, verlieren sie ihren Sinn. Wenn Sie mit dieser Dispositorenkette experimentieren, geraten Sie manchmal in eine Sackgasse oder ein Labyrinth! Dann bleiben Sie besser bei etwas Konzentrierterem, etwa den Aspekten der Planeten zu den Mondknoten, der Position in Zeichen und Häusern und so weiter. Wenn Sie in der Astrologie verschiedene Techniken und Perspektiven ausprobieren, um die Fülle der Informationen besser sortieren zu können, die Sie aus dem Horoskop beziehen, dann scheuen Sie sich nicht, etwas wegzulassen, wenn es offenbar nicht weiterführt.

Teilnehmer: Wäre die Tatsache, dass etwas nicht weiterführt, nicht auch von einer gewissen Bedeutung?

Melanie: Ja, möglicherweise. Ein Horoskop, das einen Hauptdispositor aufweist – oder eine kleine Schleife, die alles umfasst –, ist oft das Zeugnis eines hochkonzentrierten Lebens, das auch zwanghaft oder einseitig verlaufen kann. Vielleicht könnte ein Horoskop, in dem die Dispositorenkette niemals zu einem definitiven Muster wird, ein Anzeichen für das Empfinden der Person sein, dass ihr Leben sich im Kreise dreht und keinem Ziel näher kommt. Doch ich würde zögern, aus solchen Informationen absolute Schlüsse zu ziehen. Sie können so etwas im Gespräch mit einem Klienten anschneiden, indem Sie eine »saubere« Frage stellen – das heißt eine Frage, die nicht darauf abzielt, Ihre astrologische Theorie zu bestätigen!

Lassen Sie uns noch einmal die Dispositoren in Jims Horoskop betrachten. Erstens enthält diese Schleife seinen Waage-Mond genau am IC – ein wunderschönes Symbol für sein Interesse am Prozess der Relokation von Menschen! Am IC geht es um Wurzeln, das Zuhause, wo man lebt oder woher man stammt. Die Idee bei Astro*Carto*Graphy ist, dass man durch ein Verständnis der kosmischen und geographischen Resonanzen eines bestimmten Ortes besser im Stande sein könnte, einen Aufenthaltsort auszuwählen, der die eigene Lebensqualität und das persönliche Wohlbefinden steigerte. Dieser Mond wird wiederum von Venus in den Zwillingen im 11. Haus disponiert, sie befindet sich genau auf dem gleichen Tierkreisgrad wie die Mondknoten. Freunde waren für Jim tatsächlich wie eine Familie, und er schätzte seine Freundschaften sehr. Venus, die sich zusammen mit Sonne und Jupiter im Zeichen Zwillinge befindet, wird von Merkur im Krebs im 12. Haus disponiert. Dies ist ein Symbol für Jims Fühlen und Mitfühlen, somit auch für sein Engagement für die Unterprivilegierten und Benachteiligten in der Gemeinschaft. Es ist vielleicht nicht allzu bekannt, dass Jim in jeder Hinsicht ein revolutionärer Geist war – Uranus auf dem Grad der Mondknoten – und sich hinter den Kulissen für kontroverse politische Anliegen einsetzte. Er hatte ein starkes Gespür für soziales Bewusstsein und engagierte sich in Gruppen, die sich für die Rechte von Minderheiten einsetzten, in der Gefangenenarbeit und so weiter – das ist Merkur im 12. Haus. Wie schon bei Rudhyar bildet also das, was uns auf astrologischem Gebiet von Jim Lewis überliefert ist, nur einen kleinen Teil seines Lebenswerks.

Teilnehmer: Gibt es nicht einen Zusammenhang zwischen Schicksal und dem Grad der Mondknotenachse?

Melanie: In der Stundenastrologie heißt es, dass jeder Planet auf dem gleichen Grad wie die Mondknoten eine schicksalhafte Qualität birgt. Er stellt etwas dar, das nicht in unserer Macht liegt, das sich entfalten muss und wird, und das das Ergebnis der jeweiligen Angelegenheit signifikant beeinflussen wird. In einem Geburtshoroskop ist es meiner Einschätzung nach ähnlich. Sie können sehr präzise Beispiele im Horoskop von Jim Lewis finden, in seinen Engagements mit Freunden, Ideen, Gruppen und Angelegenheiten von sozialem Belang; Venus im Zeichen Zwillinge im 11. Haus zeigt sich auch an seinem Umgang mit unterschiedlichen Kreisen. Hat noch jemand der Anwesenden diese Konstellation?

Teilnehmer: Ich habe Pluto im 9. Haus im letzten Grad des Zeichens Löwe und Mars im letzten Grad von Fische; mein nördlicher Mondknoten steht im letzten Grad von Waage im 12. Haus. Hart auf hart kam es für mich, als ich vor der Entscheidung stand, ein Kind zu bekommen oder einen Studienplatz anzunehmen. Das war, als Uranus sich einem Quadrat zu meinen Mondknoten näherte. Ich entschied mich für die Universität, doch ich quälte mich die ganze Zeit und sabotierte mich noch weiter. Ich fühlte mich als Opfer, und trauere der Entscheidung noch heute nach. Ich weiß, ich habe diesen Entschluss getroffen, aber es kam mir auch so vor, als hätte ich keine andere Wahl gehabt. Rational kann ich erkennen, dass dies nicht wahr ist, aber so habe ich es empfunden.

Melanie: Vielleicht werden Sie sich, wenn Neptun ein Quadrat zur Mondknotenachse bildet, mehr im Frieden mit sich und Ihrer Entscheidung fühlen.

Die Balance-Punkte

Noch etwas anderes wird in Jims Horoskop deutlich, und zwar die Achse zwischen den beiden Punkten, die im Quadrat zur Mondknotenachse stehen; ich nenne ihre Endpunkte »Balance-Punkte«. Wie wir gesehen haben, ist einer dieser Punkte im vorliegenden Horoskop von Venus besetzt. Verbinden wir diese Feststellung mit dem Bild vom Drahtseilakt, können wir uns jeden Planeten im Geburtshoroskop und jeden planetaren Transit als die Balancierstange in den Händen der Person auf dem Drahtseil vorstellen! Anders ausgedrückt: Alles, was die Punkte dieses T-Quadrats zu den Mondknoten besetzt, kann die Wahrung des Gleichgewichts erleichtern. Jims Venus in den Zwillingen wirkte in diesem Sinne durch Überbrücken und Akzeptieren von Unterschieden, da Zwillinge die Gegensätze sind, die sich nicht unbedingt vereinen lassen. Sie sind unterschiedlich, und sie bleiben es, aber die Kluft lässt sich durch kunstvolles Manövrieren überbrücken.

Teilnehmer: Beim Balance-Punkt in den Zwillingen im

11. Haus geht es auch um das Erschaffen von Gedankenmustern innerhalb eines gegebenen Rahmens. Man kann erdige Muster machen oder Muster aus dem Chaos, aber man könnte immer Muster bilden.

Melanie: Ja! Jim projizierte die himmlischen Muster auf die Oberfläche der Erde.

Konjunktionen von Planeten und Mondknotenachse

Jeder Planet an einem Ende der Mondknotenachse hat eine imperative Qualität und unvermeidlich stellt sich sogleich die Frage nach dem Orbis. Es liegt auf der Hand: je kleiner der Orbis, desto präziser die Bedeutung. Doch die Frage erinnert auch an das Rätsel: »Wie lang ist ein Stück Bindfaden?« Thematisch könnte ein Planet, der ganze 12° von einem der Mondknoten entfernt ist, immer noch als Konjunktion betrachtet werden, doch das müssen Sie im Rahmen des Gesamtbildes beurteilen, und dabei auf die Information achten, die Sie von Ihrem Klienten erhalten. In Jims Horoskop finden wir Neptun in Konjunktion zum nördlichen Mondknoten im 3. Haus; er spiegelt vielleicht den Kampf wider, den Jim führte, um ein anderes Werk zu veröffentlichen, das den Titel *Peter Pan in Midlife* trug. Diesen Wunsch musste Jim zu Lebzeiten aufgeben, doch sollte er nach seinem Tode erfüllt werden. Er spiegelt auch sein humanitäres Engagement für die Benachteiligten wider. Als Jim starb, war der transitierende Chiron auf 24°59' Jungfrau und bewegte sich rückläufig, nachdem er einige Wochen zuvor auf Jims Neptun/Mondknoten-Halbsumme stationär war.

Wenn wir auf das Bild von der Freisetzung zurückkommen, kann ein Planet am Südende der Mondknotenachse eine Freisetzung im Sinne von Vergeudung sein und etwas anzeigen, das kaputt gemacht, verschwendet, konsumiert worden ist. Oder er kann eine sehr machtvolle Freisetzung kreativer Leistung und Energie anzeigen, die an bestimmten Punkten im Leben eintritt, zum Beispiel, wenn jener Planet Transite erfährt. Rudhyars Bild von der Weihung scheint hier wirklich angebracht zu sein in dem Sinne, dass dieser Planet wahrscheinlich einen »überlebensgroßen« Einfluss ausüben wird und es deshalb notwendig ist, diese Energie dem größeren Ganzen zu widmen. Während der Planet am Südende der Mondknotenachse eine sehr starke Begabung oder ein großes Talent anzeigen mag, das Sie mitgebracht haben, kann er sich auch als Drachen präsentieren, der Unterwerfung verlangt, da er die negative Seite sehr deutlich zum Vorschein bringen kann. Es könnte beträchtlicher Mühe und Arbeit bedürfen, um diese Gesichtspunkte zu transformieren. Ein Planet am nördlichen Mondknoten verlangt sehr stark danach, auf irgendeine Weise manifestiert zu werden. Damit ist er eine Quelle großen Druckes, möglicherweise auch sehr kreativer Art. Ein Planet in Konjunktion zu einem Mondknoten ist an beiden Enden der Mondknotenachse gewöhnlich ein deutlicher Bestandteil im Lebensmuster eines Menschen, sowohl im Inneren als auch im Äußeren.

Die Mondknoten-Reise

Nun kommen wir zu den transitierenden Mondknoten. Dieses Thema ist vor allem deswegen so faszinierend, weil sich die Mondknotenachse rückwärts durch das Horoskop bewegt, und zwar um je 1° in 18,618 Tagen. Ein Planet, der in seiner rückläufigen Phase einen Transit bildet, wird eher mit Intuition und Entsprechungen assoziiert, die zur rechten Gehirnhemisphäre gehören. Er zieht ein in den nach innen gerichteten Aktivitätsbogen der Psyche und aktiviert unser inneres Sein; in der rückläufigen Phase geht es um das Verarbeiten von Erfahrung und das Aufräumen von Trümmern. Es kam mir der Gedanke, dass die ganze Mondknotenachse als Transit diese Bedeutung haben muss – eine Achse der Integration, die sich ruhig in der den Planeten meist entgegengesetzten Richtung um den Horoskopkreis bewegt. Das ließ mich an die Schlange oder den Drachen denken, der sich unsichtbar in der Unterwelt bewegt. Es ist eine Achse jenes Bewusstseins, das im Hintergrund unseres Erlebens wirkt. Gleichzeitig dreht sich unser Erfahrungshorizont langsam immer weiter, indem wir betrachten, verarbeiten, Rückschau halten und verdauen und unsere ganze Lebenserfahrung im Hinblick auf Polaritäten und Gegensätze abwägen, dabei aufnehmen und ausscheiden, und vielleicht auch eine entsprechende Ernte einbringen. Sehr inspiriert dachte ich auch an Würmer, die die Beschaffenheit des Bodens verfeinern, während sie sich durch ihn hindurchfressen und die Nährstoffe abgeben, während die Erde ihren Körper passiert! Wenn das Horoskop der Boden unseres Lebens ist, dann ist die Mondknotenachse vielleicht der Regenwurm!

So machte ich mich an die Aufgabe, die tatsächliche Transitfolge zu untersuchen, zuerst anhand meines eigenen Horoskops, und dann mit den Horoskopen meiner Familienangehörigen und ausgewählter Klienten. Ich war überrascht und entzückt über das, was ich dabei entdeckte. Ich verfolgte einfach den transitierenden Mondknoten und achtete dabei der Einfachheit halber nur auf Konjunktionen und Oppositionen. Ich stellte vier vollständige Zyklen für mein eigenes Horoskop zusammen und erhielt so einen großen Überblick. Lassen Sie uns dies an einem Beispielhoroskop durchführen.

Es versteht sich von selbst, dass ich herausfinden wollte, ob es irgendeine Bedeutung in der festgestellten Sequenz gab. Um ein vollständiges Bild von der Transit-Situation einer Person zu erhalten, müssen Sie natürlich alle Planeten berücksichtigen, doch jetzt wollen wir ausschließlich unsere Mondknoten-Thematik unter das Mikroskop legen. Was ich getan habe, war Folgendes: Ich führte auf der einen Seite meiner Liste alle Planeten in der Reihenfolge auf, in der sie Kontakte von der transitierenden Mondknotenachse erhalten. Wenn Sie ein A4-Blatt quer legen und die Linien, die Sie brauchen, mit Lineal zeichnen, geht das ganz gut; auf einem einzigen Blatt können Sie so Ihr ganzes

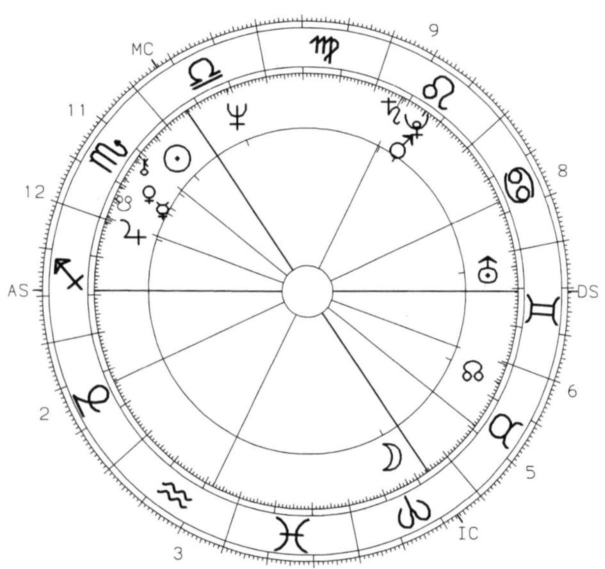

Abbildung 7: Rosie, 28. Oktober 1947, 12:10 WEST, Solihull

Leben – jedenfalls bis zum Alter von etwa 72 Jahren – aufzeichnen!

In diesem Horoskop wird beispielsweise der südliche Mondknoten zuerst den rückläufigen Merkur kontaktieren, danach Venus, Chiron, die Sonne, die MC/IC-Achse und danach Neptun. Der nächste Kontakt ist die Konjunktion der Mondknoten mit dem Mond, dann ihr Quadrat zur eigenen Achse. Anschließend kommt es zu Konjunktionen des südlichen Mondknotens mit Saturn, Mars, Pluto, Uranus, dem DC/AC und zuletzt mit Jupiter. Dann erfolgt eine Mondknoten-Wiederkehr. Um die Sache zu vereinfachen, legen Sie einen Bleistift über die Mondknotenachse der Horoskopzeichnung und drehen ihn langsam im Uhrzeigersinn. Achten Sie dabei auf die Reihenfolge der Planeten, die von den beiden Enden berührt werden.

In dem Beispielhoroskop werden Sie sofort erkennen, dass in

der ersten Hälfte des Mondknotenzyklus – das heißt bis zum Alter von knapp über neun Jahren – alle Mondknoten-Kontakte außer mit dem Mond von dem transitierenden südlichen Mondknoten herrühren. In der zweiten Hälfte des Zyklus bis zur Mondknoten-Wiederkehr im Alter von 18,618 Jahren verhält es sich dann natürlich umgekehrt. Das ist im Leben dieser Person in der Tat signifikant, wie wir noch sehen werden. Wenn Sie mehrere Mondknotenzyklen in Ihrem eigenen Horoskop untersuchen, werden Sie feststellen, dass die Abfolge natürlich in jeder ersten Hälfte die gleiche sein wird; ihr Spiegelbild folgt jeweils in der zweiten Hälfte. Wenn Sie dann die Termine all dieser Kontakte aufschreiben, können Sie erkennen, wo und wann sie sich wiederholen werden; ich versichere Ihnen, dass da manche interessanten Themen zum Vorschein kommen werden. Darüber hinaus ist dieser Zyklus absolut regelmäßig, noch präziser als jeder andere Zyklus von Planetentransiten. Deshalb erlebt jeder Mensch die Aspektierungen zwischen den laufenden Mondknoten und der Mondknotenachse im Geburtshoroskop in fast genau dem gleichen Alter. Annähernd alle vier Jahre und acht Monate bilden die transitierenden Mondknoten einen harten Aspekt mit ihrer eigenen Achse.

Bleiben wir bei der Metapher von der Reise des Helden, so wird hier vielleicht das Unterbewusste des Helden dargestellt – weil sich die Mondknotenachse rückwärts bewegt –, also das, was unterhalb von und vielleicht auch entgegen der bewussten Intention steht. Dem Zustand des inneren Gleichgewichts und den auf der Lebensreise gebotenen Lektionen entsprechend, unterstützt oder sabotiert sie unsere Intentionen. Was ist das Erste, dem Sie auf Ihrer Reise begegnen? Ist es ein Feind? Ist es ein Helfer? Was ist die erste Aufgabe? Das erste Hindernis? Reisen Sie hauptsächlich allein oder zusammen mit anderen? Ich schlage Ihnen vor, eine Geschichte im Stil einer alten Mär aufzuschreiben. Sie beginnt mit der Formel »Es war einmal…«, und Sie schildern darin Ihre Begegnungen mit den Planeten in der festgestellten Reihenfolge. Der Zweck dieser Übung besteht darin, herauszufinden, ob es ein dominantes Muster in Ihrem Leben gibt, und wie sich Ihre Reise entfaltet. Aus der NLP-Terminologie kennen wir den Begriff »Metaprogramm« für das, was wir hier mit astrologischen Mitteln zu identifizieren suchen: eine übergeordnete Struktur, unter deren Schirmherrschaft alles andere in Ihrem Leben geschieht – oder auch nicht geschieht. Sich dieses Metaprogramms bewusst zu werden, kann sehr viel Kraft geben.

Die Untersuchung der Transitfolge in meinem eigenen Horoskop brachte etwas zum Vorschein, das ich augenblicklich erkannte. Der erste Kontakt ist der des südlichen Mondknotens mit Neptun in der Waage im 12. Haus (meinem einzigen Planeten in einem kardinalen Zeichen), danach folgt der Kontakt mit Saturn im Zeichen Löwe. Dies spiegelt wider, warum Dinge am Anfang eines neuen Stadiums in meinem Leben so chaotisch erscheinen und warum ich mich nicht besonders motiviert fühle, etwas Neues zu beginnen oder im Sinne des nördlichen Mondknotens irgendwie Neuland zu erschließen, bevor ich eine Art von neptunischer Inspiration erhalten habe, auf die ich erst warten muss. Dann aber muss ich mir Zeit nehmen, um Fakten und Fiktion sorgfältig zu trennen. Das geschieht gewöhnlich im Alleinsein oder in einem Traum – wie es dem 12. Haus entspricht.

Die Geschichte von der Reise meiner Heldin sieht etwa folgendermaßen aus: Gerade als ich mich auf den Weg mache, senkt sich ein dichter Nebel übers Land – eine regelrechte Erbsensuppe –, und Verwirrung macht sich breit. Ich bin verloren, verängstigt, und unverkennbar von Selbstmitleid erfüllt. Dann, nach einer Zeit, die mir sehr lang vorkommt, tritt aus dem Nebel eine verhutzelte kleine Gestalt hervor, die sich als ein weiser Alter entpuppt. Es ist ein Helfer, der auf mich zukommt. (Das ist Saturn im Löwen, der als nächstes kommt, zeitlich betrachtet jedoch mehr als zwei Jahre später folgt.) Vielleicht sagt er einfach: »Warte nur fünf Minuten, und der Nebel wird sich verziehen.« Er hat Erfahrung, ein Gefühl für das Zeitmaß und einen sarkastischen Humor, wie man ihn von Saturn ja erwarten kann.

Möglicherweise zeigt er mir auch, wie ich diesen Nebel veranlassen könnte, sich in eine Flasche zu verziehen wie der Geist im Märchen; wenn ich behutsam vorgehe, wird er in herrlichen Farben durch das Glas hindurch schimmern. Ich denke, Sie können sich das gut vorstellen!

Teilnehmer: Wollen Sie damit sagen, dass Sie jedes Mal, wenn der Mondknoten einen Transit zu Ihrem Neptun bildet, zwei Jahre lang »im Nebel« stecken?

Melanie: Nicht ganz! Wenn ich diese Transitabfolge etwas »märchenhaft« darstelle, dann ziehe ich die Metapher heraus und nehme sie in den zeitlosen Bereich mit, wo sie sich dehnen oder schrumpfen lässt. Das subjektive Gefühl von endlosem Nebel ist vorhanden, aber die tatsächliche Dauer variiert je nach der Situation und natürlich auch in Abhängigkeit von den anderen Transiten.

Teilnehmer: Offenbar wäre dies eine interessante Methode, sich seinen Lebensrückblick zu formulieren, oder ein guter Rahmen, der auch für einen Klienten zu gebrauchen ist.

Melanie: Ja, genau. In vielen spirituellen Traditionen und ebenso in der Psychotherapie gilt die rückblickende Betrachtung des eigenen Lebens als wichtiger Aspekt der inneren Reinigung. Dabei handelt es sich nicht nur um eine trübe Grübelei, sondern um eine kraftvolle Unterstützung für das Hervortreten des wahren Selbst, das dabei von den unsichtbaren Bindungen an Situationen in der Vergangenheit befreit wird, die immer eine starke Ladung emotioneller Energie tragen, welche vielleicht noch nicht verarbeitet ist. Es geht also darum, bewusster und »vollständiger« in der Gegenwart anzukommen.

Es bereitet Spaß, das Märchen der Mondknoten zusammenzustellen und niederzuschreiben, und es wird Ihnen helfen, die Struktur der Metapher Ihrer Reise zu offenbaren. Wenn Sie bei der Betrachtung der Mondknoten-Transitfolge alle Daten und Lebensereignisse notieren, die im Zusammenhang mit den Mondknotenkontakten eintraten, dürften Sie wohl ins Staunen kommen. Bei der Auflistung der Daten, an denen es zu Kontakten kam, wird Ihnen reichlich Lebenserfahrung präsentiert, die es zu verarbeiten gilt. Die transitierenden Mondknoten sind wie ein Scheinwerfer, der über den Horoskopkreis streicht und den Zustand der Planeten beleuchtet, den sein Lichtschein erfasst; so bringt er die Dinge in den Bereich der wahrnehmenden Aufmerksamkeit.

Wenn der Transit des nördlichen Mondknotens einen Planeten berührt, scheint er Möglichkeiten und Anregungen zu beleuchten, und ein Gefühl von Vorwärtsbewegung zu bewirken. Vom Transit des südlichen Mondknotens dürften Sie aufgerufen werden, Ihre Angelegenheiten gründlich in Ordnung zu bringen und auszusortieren, was nicht mehr nützlich ist. Hier mag Ihnen der degenerierte Zustand eines bestimmten Lebensbereiches angezeigt werden – symbolisch angedeutet von Haus und Zeichen des Planeten –, und vermutlich empfinden Sie eine gewisse Abneigung, das Gezeigte anzuschauen. Ich sehe in der Mondknotenachse auch einen Spiegel, einen doppelseitigen Spiegel. Der nördliche Mondknoten zeigt Ihnen das zukünftige Potential, die Zielrichtung oder Bestimmung des Gegebenen. Der südliche Mondknoten kann Ihnen die Vergangenheit oder den früheren Zustand des Gegebenen zeigen. Sie werden gedrängt, etwas freizusetzen, es loszulassen, oder aber es anzunehmen, um erneut daran zu arbeiten.

Natürlich gibt es keine exakte Formel, und immer sind beide Enden der Mondknotenachse beteiligt. Der Transit des nördlichen Mondknotens möchte sagen: »So könnte es sein. Dahin könntest du versuchen zu gehen. Doch damit das geschieht, musst du dieses oder jenes erledigen.« Mit anderen Worten, der nördliche Mondknoten bezieht sich auf den südlichen. Erinnern Sie sich, dass die Mondknoten von Jupiter bzw. Saturn beherrscht werden? Liz Greene gebrauchte einmal ein wunderbares Bild für die Beziehung von Jupiter und Saturn. Sie schilderte die Bemühungen, einen Esel zum Gehen zu bewegen. Jupiter ist wie die Karotte vor der Nase des Esels, und Saturn ist wie der Stock, der ihn von hinten schlägt!

Mondknoten-Quadrate

Wenden wir uns nun den Mondknoten zu, wenn diese einen Aspekt – Konjunktion, Quadrat oder Opposition – zu ihrer eigenen Achse im Geburtshoroskop bilden. Alle diese Punkte betreffen oftmals Beziehungsthemen, sowohl bei Einzelpersonen als auch bei Gruppen. Die transitierende Mondknotenachse erreicht die Balance-Punkte – das Quadrat zur eigenen Radixposition – nach knapp über viereinhalb Jahren ihres Zyklus. Dies ist eine Zeit des Ausgleichens und deshalb manchmal auch der Krise, oder aber der möglichen Integration. Wenn alles gut geht, werden Sie beim Balancieren auf dem Drahtseil einige Hilfe erhalten. So verläuft in meinem Falle die im Quadrat transitierende Mondknotenachse über das 3. und 9. Haus. Bei den letzten vier Übergängen war ich in eine bestimmte Lehre vertieft oder studierte bei einem Lehrer. Es gab also sowohl ein Element der intensiven persönlichen Beziehung als auch eine Philosophie, einen psychologischen oder spirituellen Pfad, der sehr herausfordernd, aber auch integrierend war, begleitet von einem tiefen, inneren Wohlbefinden.

Wiederkehr und Halbwiederkehr der Mondknoten

Sowohl die Halbwiederkehr der Mondknoten nach etwas über neun Jahren ihres Zyklus als auch die Mondknoten-Wiederkehr nach 18,618 Jahren scheinen eine Wendepunkt-Qualität zu besitzen. Bei der Halbwiederkehr steht z.B. der nördliche Mondknoten in Opposition zu seiner Radixposition und gleichzeitig in Konjunktion zum südlichen Mondknoten des Geburtshoroskops. Es dominiert oft das Thema, die Vergangenheit ruhen zu lassen oder liegen gebliebene Geschäfte zu erledigen. Oft wird uns eine Sackgasse gezeigt, auf die wir zugehen, wenn wir aufgrund eines Zwanges gehandelt haben, der uns unweigerlich in der Vergangenheit festhalten würde. Schwere Entscheidungen mögen anstehen, und vielleicht haben wir den Eindruck, es bleibe uns keine Wahl. Wir werden aufgerufen, auch den Rest von dem loszulassen, was in der ersten Hälfte des Zyklus nicht erfüllt wurde und was sich nicht weiter manifestieren kann. Dies kann eine wirklich wackelige Zeit sein, und möglicherweise stürzen Sie sogar von Ihrem Drahtseil herunter. Dann wird die Stärke Ihres Sicherheitsnetzes am südlichen Mondknoten auf die Probe gestellt. Ihr Verhältnis zur Vergangenheit, Ihr lunares Selbst, Ihr Umgang mit Nahrung für die Seele stehen irgendwie im Mittelpunkt. Fühlen Sie sich verschlungen oder verschlingen Sie selbst die Frucht aus dem ersten Teils des Zyklus? Vielleicht haben Sie eine wichtige Begegnung oder lernen jemanden kennen, der die Bedürfnisse verkörpert oder in Ihnen weckt, die jetzt zu integrieren und auszugleichen sind. Etwas versucht vielleicht, Sie in die Vergangenheit zurückzuziehen, und Sie müssen jetzt mit diesem Sog umgehen. Vielleicht geht es Ihnen auch wie dem bereits erwähnten Esel, und Sie kommen sich vor, als erhielten Sie die Lockung der Karotte und die Schläge mit dem Stock zur gleichen Zeit!

Wenn Ihr Leben bisher zum nördlichen Mondknoten hin tendiert hat und Sie vor allem »auf dem solaren Zylinder gefahren« sind, könnte Ihr Körper bei der Mondknoten-Halbwiederkehr – wenn also der transitierende nördliche Mondknoten eine Konjunktion mit dem südlichen Mondknoten erreicht bzw. in Opposition zur Radixposition steht – mit Symptomen rebellieren, oder Sie verlieben sich vielleicht und tauchen tief in eine überaus emotionelle, sinnliche und körperliche Dimension ein. Familiäre Beziehungen dürften Aufmerksamkeit verlangen. Transite zu den Mondknoten personifizieren sich sehr leicht, möglicherweise, weil es hier grundsätzlich um Beziehungen geht. Die wichtigen Begegnungen erleben Sie nicht immer mit Menschen, die neu in Ihr Leben treten. Ein alter Bekannter könnte eine neue Rolle annehmen, eine Beziehung könnte sich verändern. Vielleicht wird Ihnen plötzlich bewusst, dass Sie die Neigung eines Freundes zu Selbstmitleid unterstützt haben, und Sie denken: »Ich will diese immer gleiche alte Platte nicht mehr hören.« Wie die Umstände auch beschaffen sein mögen: Sie können in dieser Zeit mit wichtigen persönlichen Kontakten rechnen. Wenn Ihr Leben jedoch zur Thematik des südlichen Mondknotens tendierte, mögen Anstrengung und Arbeit notwendig sein, um Sie von Verwicklungen zu befreien.

Die Mondknoten-Wiederkehr ist eine Zeit des Neubeginns, die Sie auf eine Spur bringt, deren Höhepunkt Sie bei der nächsten Halbwiederkehr, gut neun Jahre später, erreichen werden. Oft gibt es einen Anstieg der Energie in Richtung Zukunft, dem ein psychologischer oder äußerer »Frühjahrsputz« um einige Monate vorausgegangen sein könnte, wie die Vorbereitung für eine Geburt. Der Vorwärts-Schwung kann sehr groß sein, und wahrscheinlich tauchen Helfer auf, es kommt zu glückhaften Synchronizitäten und Begegnungen mit wichtigen Personen. An des bekannten Esels Stelle sollten Sie die Karotte aufmerksam im Auge behalten; sie könnte nahe genug kommen, so dass Sie einen großen Bissen davon nehmen können. Wenn Sie in dieser Zeit allzu beschäftigt sind, über die Stockschläge hinten zu klagen, könnten Sie diese Gelegenheit versäumen! Oft gibt es auch ein Gefühl der Verwundbarkeit in Verbindung mit dem starken Vorwärts-Impuls sowie innere Heiterkeit aus dem Wissen, einen neuen Zyklus, eine unbekannte Zukunft vor sich zu haben. Diese Hinwendung zur Zukunft kann auch Verlust, Hinter-sich-Lassen und Trennung bedeuten, denn der Drang, das Leben stromlinienförmig zu gestalten und seiner Bestimmung zu folgen, ist in dieser Zeit sehr ausgeprägt.

Teilnehmer: Wie steht es mit Transiten zwischen den Mondknoten und den Kardinalpunkten des Horoskops?

Melanie: Sie heben die Bedeutung des jeweiligen Eckpunkts sehr stark hervor und betonen den entsprechenden Bereich der Lebenserfahrung. Zudem zeigt ein solcher Übergang an, dass der transitierende Mondknoten das Haus wechselt. Dies zu verfolgen ist ebenfalls sehr interessant. Wenn wir die Häuser als Erlebnisbereiche betrachten, dann kommt, wenn die Mondknoten einen Transit zu einer Achse bilden, der »Wurm« ins Spiel und beackert den Boden!

Transite zu den Mondknoten

Nun wollen wir die Transite der Planeten zur Mondknotenachse betrachten. Grundsätzlich ist es nützlich zu prüfen, welches Ende der Mondknotenachse – falls überhaupt – zu Lebzeiten der Person Transite von äußeren Planeten erhält, oder ob die Balance-Punkte die intensivsten Reize empfangen. Seit Mitte der sechziger Jahre und der Uranus/Pluto-Konjunktion in der Jungfrau haben die äußeren Planeten ihre Aktivität in den Zeichen von Jungfrau bis Steinbock und nun im Wassermann konzentriert. Dies bedeutet, dass einige Menschen geradezu eine Folge von Konjunktionen zum einen oder anderen Ende ihrer Mondknotenachse erleben, andere wiederum zu einem der Balance-Punkte. Das Horoskop, an dem wir die Mondknoten-Transitfolge untersuchten, ist ein Beispiel, in dem alle äußeren Planeten im Laufe des Lebens Konjunktionen zum südlichen Mondknoten gebildet haben.

Transite von den äußeren Planeten zu den Mondknoten dauern mehrere Jahre, und die Qualität des transitierenden Planeten ist während dieser Zeit sehr auffallend. Es kann auch interessant sein zu beobachten, wann die schnelleren Planeten sich mit Ihren Mondknoten verbinden. Weil Merkur und Venus immer recht nahe bei der Sonne bleiben, kann es Phasen im Laufe des Jahres geben, in denen sie sich alle um den Neumond scharen; wenn dann noch ein äußerer Planet beteiligt ist, bedeutet das eine Beschleunigung der Energie im Bereich der in unserem Leben dominierenden Themen. Wenn Transite zum nördlichen Mondknoten eintreten, werden wir stark herausgefordert. Unsere Ausflüchte, Widerstände und unsere Trägheit werden vielleicht aufgedeckt und unsere Selbsttäuschungen entlarvt; zuweilen fühlen wir uns vielleicht so, als säßen wir in einer

Achterbahn ohne eine Ahnung, wohin die Fahrt geht oder wie wir aussteigen könnten! In solchen Phasen ist ein enormer Sprung möglich, und wir können große Veränderungen in unserem Leben durchführen. Solche Veränderungen dürften ohnehin eintreten, und unsere Aufgabe besteht dann darin, uns ihnen anzupassen.

Wenn Transite zum südlichen Mondknoten eintreten, werden die Themen hervorgehoben, die ich bereits genannt habe. Wenn wir auf unser Bild vom Sicherheitsnetz zurückgreifen, dann lassen uns diese Transite an Fischer denken, die, falls sie nicht hinausfahren und fischen konnten, zu Hause blieben und ihre Netze flickten. Das bedeutet: unerledigte Geschäfte in Ordnung zu bringen, die Vergangenheit zu klären, Bindungen zu lösen und mit einem vagen Empfinden einer Vorbereitungszeit der Zukunft zu warten, bis die Gezeiten wieder günstig sind. Wenn alles gut geht, bewirkt dies am Ende einen enormen Vorwärtsschub am nördlichen Mondknoten.

Da wir es immer mit einer Polarität zu tun haben, können sich Transite zum einen Ende der Mondknotenachse – wie ein Querschläger – viel deutlicher in Dingen zeigen, die scheinbar mit dem anderen Ende zusammenhängen. Es ist auch möglich, dass wir gezwungen werden, etwas zu kompensieren. Wenn Sie zum Beispiel eine lange Folge von Transiten zum südlichen Mondknoten erleben, wo Sie sich in die Vergangenheit zurückgezogen fühlen oder den Drang spüren, sich Ihren unerledigten Geschäften zu widmen, dann dürfte es angebracht sein, auch den nördlichen Mondknoten intensiv einzubeziehen, um ein Gefühl des Gleichgewichts zu bewahren. Dies ist eine andere Form der Dynamik, die zwischen den beiden Enden der Mondknotenachse eintreten kann. Es kann auch erforderlich sein, von der schwirrenden Aktivität im Zeichen des nördlichen Mondknotens in die relative Ruhe des südlichen herunterzuschalten.

Teilnehmer: Was ist wichtiger – die Transite zu den Mondknoten oder Aspekte, die von der transitierenden Mondknotenachse gebildet werden?

Melanie: Sie dienen unterschiedlichen Zwecken. Der Mondknotenzyklus selbst kann Ihnen, wie wir gesehen haben, einen nützlichen Überblick über wichtige Themen in einem Horoskop vermitteln. Wenn Sie ihn eingehend studieren, können Sie einen langen Zeitraum überblicken und der Zyklus wiederholt sich. Transite zu den Mondknoten hingegen werden kürzere Zeitphasen beeinflussen, und selbst ein langsamer Transit, etwa von Pluto, wird sich am Ende wieder entfernen. Solange Sie nicht älter als 84 Jahre werden – und damit die Uranus-Wiederkehr erleben –, wird keiner der äußeren Planeten zu Ihren Lebzeiten den Weg um das ganze Horoskop hinter sich bringen. In der Praxis ist es dann also nützlich, beide zu betrachten. Wenn Sie beispielsweise einen Klienten nahe seiner Mondknoten-Wiederkehr sehen, so denken Sie daran, die Daten der vorausgegangenen Halbwiederkehr und eventuell auch der letzten Wiederkehr festzustellen und die wichtigsten Transite aus jenen Lebensabschnitten zu notieren. Hier endet und beginnt ein ganzer Zyklus, der einen nützlichen Rahmen bieten könnte, in den sich weitere Informationen über andere laufende Transite einfügen ließen.

Teilnehmer: Ist also das eine ein Zyklus und das andere keiner?

Melanie: In Wirklichkeit sind beides Zyklen. Ein Transit ist kein isoliertes Ereignis, sondern immer Teil eines Zyklus, selbst wenn dieser bereits anfing, bevor Sie geboren wurden. Die Position jedes Planeten zu jeder beliebigen Zeit kann im Sinne zahlreicher unterschiedlicher Zyklen definiert werden, je nachdem, welcher für den vorliegenden Zweck am relevantesten ist.

Teilnehmer: Ich habe eine bestimmte Woche im Jahr, in der immer etwas Wichtiges geschieht; es ist die erste Aprilwoche. Mir leuchtet ein, was Sie sagen, weil ich Jupiter auf 11° Widder habe, genau im Quadrat zu meinen Mondknoten.

Melanie: Also löst die Sonne jedes Jahr diesen Grad aus.

Teilnehmer: Da fällt mir gerade auf, dass auch bestimmte Erlebnisse in meiner Kindheit in diese Woche fielen, z.B. die Geburt meines Bruders. Als die Sonne in Opposition zu jenem Punkt stand, lernte ich meinen jetzigen Ex-Mann kennen. An einem 6. April verließ ich zum ersten Mal im Leben das Land, nachdem ich in der gleichen ersten Aprilwoche aus dem Haus meiner Mutter weggelaufen war.

Melanie: Der offensichtliche Zusammenhang besteht hier zwischen Jupiter und dem Mondknoten-Grad, zu einer zusätzlichen Sensibilisierung mag es durch Ereignisse in Ihren frühen Lebensjahren gekommen sein. Solche Ereignisse würde ich als »entscheidenden Moment« in Ihrem Leben bezeichnen – der psychologische Begriff dafür ist Trauma –, in dem eine Kontinuität zerbrochen oder abgerissen oder eine wichtige unbewusste Entscheidung gefällt wird. Um solches zu reparieren, müssten Sie wohl weiter zurückgehen und einiges flicken oder loslassen.

Ein Beispielhoroskop: »Rosie«

Ich möchte mich gerne weiter mit dem Horoskop beschäftigten, das wir schon oben betrachtet haben (siehe Abbildung 7, Seite 76), um die Mondknoten-Transitfolge zu illustrieren. Diese Person, die ich »Rosie« nennen möchte, hat den nördlichen Mondknoten im Stier im 5. Haus und den südlichen im Skorpion im 11. Haus. Wie nicht anders zu erwarten, war der Lebensweg dieser vielfachen Skorpionin von enormer Intensität. Während des letzten Mondknotenzyklus war sie jedenfalls vornehmlich mit einem persönlichen Weg der Transformation beschäftigt.

Rosie war in Therapie gewesen, führte große Veränderungen in ihrem Leben durch und hat sich mit intensivem Engagement ihrer inneren Reise gewidmet. Nicht, dass sie dies nicht schon früher getan hätte, doch als Skorpionin lebte sie die Verbindung zu ihrem südlichen Mondknoten mehr im Sinne von emotionellem Engagement, gab sich in sehr intensive und manchmal komplizierte Beziehungen, sowohl im familiären als auch im beruflichen Umfeld. Sie hat in verschiedenen Kooperativen gearbeitet – deutlich ein Thema des 11. Hauses, das auch in ihren starken politischen Idealen und ihrer fast zufälligen Beteiligung an recht professionellem politischem Aktivismus zum Ausdruck kommt. Da sie den südlichen Mondknoten stärker lebte, hat sie sich nicht bewusst aufgemacht, Revolutionärin zu werden. Dabei hat dieser südliche Mondknoten im Zeichen Skorpion Konjunktionen von allen äußeren Planeten erlebt, und Rosies heroische Aufgabe bestand darin, Wege zu finden, diese Energien für sich anstatt gegen sich arbeiten zu lassen.

Sie erinnern sich, dass sie mit der Konjunktion von südlichem Mondknoten und Merkur begann, und die einzige Konjunktion des nördlichen Mondknotens in der ersten Hälfte des Zyklus verband ihn mit dem Mond. Ein wichtiges Element im Leben dieser Frau ist, dass sie als Zwilling geboren wurde. Es war eine sehr schwierige Geburt, und ihre Schwester erblickte als Erste das Licht der Welt. Während des schwierigen Geburtsverlaufes geschah es, dass Rosies Arm gebrochen wurde. Einige Monate nach der Geburt entdeckte man, dass ihre Zwillingsschwester Epileptikerin war. Das können Sie an der Transitfolge symbolisch widergespiegelt sehen: Der südliche Mondknoten kontaktiert zuerst Merkur, der die Arme und auch die Geschwister symbolisiert. Denken Sie daran, dass dieser Merkur auch den Uranus in den Zwillingen im 7. Haus disponiert, dem außer Neptun einzigen Planeten in einem Luftzeichen – er wirkt quasi deplatziert. Die Zwillingsschwester wurde vor Rosie geboren, hat die Skorpion-Ballung also im 12. Haus. Rosie hingegen war diejenige, die mit allem fertig werden musste.

Schauen Sie sich nun den Mond im Zeichen Widder im 3. Haus an. In den ersten zehn Lebensjahren bildete er die einzige Konjunktion zur Mondknotenachse; er steht symbolisch sowohl für die Schwester – 3. Haus – als auch für die Tatsache, dass die ganze Familie eine enorme Belastung und einiges Chaos durch die schweren Anfälle der Zwillingsschwester und die damit ausgelösten intensiven, bedrückenden Emotionen erlebte. Rosie spielte hauptsächlich die Rolle des aktiven Vermittlers und Friedensstifters. Sie bemühte sich, der Mutter zu helfen, sich um die Schwester zu kümmern und versuchte, die Verbindung mit ihrem Vater aufrechtzuerhalten, der zur Arbeit fort war und oft keine Ahnung hatte, was im Laufe des Tages zu Hause ablief. Erinnern Sie sich an meine Beschreibung der »Tiermutter« im Zusammenhang mit dem Mond im Zeichen Widder? Rosie lernte diese Rolle sehr früh.

Merkur beginnt die Transitfolge, und Jupiter im Schützen beendet sie. Das äußerte sich auch durch Rosies Fähigkeit, aus ihrem Erleben Sinn zu ziehen, während sie mitten durch das Getümmel ging; am Ende gibt es eine geglückte Loslösung oder Befreiung, eine glückliche Pause. Dann verschiebt sich etwas oder eine neue Perspektive dämmert herauf. Dies ist ein sehr plutonisches Horoskop, doch die Metapher des ganzen Weges führt von Dunkelheit und Chaos hin zu Hoffnung, Glauben und Sinn – was sich in Rosies Fall mit dem Schütze-Aszendenten deckt. Rosie führt auch ein Tagebuch, was ihr geholfen hat, ihren Weg in ihrer Innenwelt zu finden; zudem ist es ein weiterer Ausdruck von Merkur im Skorpion in Konjunktion mit dem südlichen Mondknoten.

Wie Sie sehen, ist der nördliche Mondknoten im Stier der einzige Punkt in einem Erdzeichen dieses Horoskops; es gibt weder Planeten noch Hauptachsen im Element Erde. Damit bekommt dieser Mondknoten ein sehr großes Gewicht, und ich werde Ihnen gleich sagen, wie sich das in Rosies Leben ausgewirkt hat. Doch zuerst wollen wir die Dispositorenkette untersuchen. Venus regiert den nördlichen und Mars den südlichen Mondknoten; wie Sie sehen, beherrschen diese Mondknoten-Regenten Mars und Venus, auch IC bzw. MC. Venus finden wir im Skorpion, dessen Herrscher Pluto im Zeichen Löwe steht, und da die Sonne sich im Skorpion aufhält, haben wir eine gegenseitige Rezeption. Mars im Löwen regiert den südlichen Mondknoten und schließt sich damit der gleichen gegenseitigen Rezeption an. Ob wir die alten oder die neuen Herrscher einsetzen, ist in diesem Falle nicht von Belang, denn das Ergebnis ist das gleiche Bild. Wege zu finden, um ihrer Verbindung mit plutonischen Transformationsprozessen Gestalt und Ausdruck zu geben, ist schon immer ein wichtiges Thema in Rosies Leben gewesen. Die Sonne ist im 10. Haus, dem Haus von Beruf, Karriere und dem Platz in der Welt. Was, meinen Sie, könnte die Tätigkeit dieser Person sein?

Teilnehmer: Arbeitet sie mit Kindern?

Melanie: Nicht ausschließlich.

Teilnehmer: Ich sehe Kinder, kann mir aber keine Arbeit im selben Zuhause mit ihnen vorstellen.

Melanie: Nein, obwohl es in gewissem Sinne das ist, was Rosie in ihrer Kindheit zu Hause gemacht hat. Sie versorgte ihre Schwester schon in sehr jungen Jahren.

Teilnehmer: Ist sie Psychotherapeutin?

Melanie: Sie hat eine überaus gründliche Psychotherapie gehabt, ist aber selbst keine Psychotherapeutin.

Teilnehmer: Ist sie auf materieller Ebene schöpferisch tätig?

Melanie: Raten Sie weiter.

Teilnehmer: Etwas mit der Umwelt?

Melanie: Ja! Bei ihrer ersten Mondknoten-Wiederkehr verließ sie die Schule und machte eine Ausbildung zur Architektin. Sie wurde schließlich sehr erfolgreich und schaffte es auch, Aufgaben zu finden, die mit ihren starken Idealen zu vereinbaren waren. So hat sie z.B. individuell maßgeschneiderte Räume für Menschen mit Behinderungen entworfen. Im Jahre 1982 kam ihre Mutter bei einem Autounfall ums Leben, als der laufende Pluto mit einem Orbis von nur 30 Bogenminuten eine Konjunktion zu ihrem eigenen MC bildete in Konjunktion zum transitierenden Saturn, der in der Waage stand. An jenem Tag erreichten auch die transitierenden Mondknoten den gleichen Grad, in dem es einige Wochen zuvor eine Mondfinsternis gegeben hatte, und sie näherten sich zudem bis auf 2°05' einem Quadrat zum Mond in Rosies Geburtshoroskop.

Als sich ihre zweite Mondknoten-Wiederkehr näherte, hatte

Rosie erkannt, dass ihre ursprüngliche Motivation zur Architektur der Wunsch nach Anerkennung bei ihrem Vater gewesen war. Dieser war für sie in der Kindheit offenbar eine größere Quelle der Unterstützung gewesen, da die Mutter so viel mit der epileptischen Schwester beschäftigt war. Vielleicht wäre es korrekter, wenn ich sage, dass Rosie eine gewisse Hoffnung auf Unterstützung vom Vater hegte, die sie jedoch nicht wirklich erhielt; deshalb hatte sie das Gefühl, sie sich verdienen zu müssen. Dies spiegelt die gegenseitige Rezeption von Sonne und Pluto wider, die um die Zeit der Mondknoten-Wiederkehr sehr stark betont war, weil Pluto damals eine Konjunktion zu ihrer Radix-Sonne bildete und eine sehr lange Phase von Transiten einleitete, die zur Zeit gerade mit einer Konjunktion Plutos zu ihrem Jupiter zu Ende geht.

Indem sie Architektin wurde, hoffte Rosie, ihrem Vater und auch »der Gesellschaft« zu gefallen, da sie etwas Anerkanntes tat und dadurch einen Beitrag leistete. Sie erinnern sich vielleicht, dass Saturn im Horoskop noch an Bedeutung gewinnt, wenn das Element Erde nicht besetzt ist. In diesem Stadium der zweiten Mondknoten-Wiederkehr, wollte Rosie sich beruflich verändern, und sie schloss sich einer Kooperative an (südlicher Mondknoten im 11. Haus), was schon eine beträchtliche Veränderung bedeutete. Um die gleiche Zeit begann sie auch eine Therapie. Um diesen Schritt zu tun, bedurfte es einer enormen Überwindung von Vorurteilen gegen Therapie, die in Rosies Freundeskreis genährt wurden. Sie erinnern sich, dass der südliche Mondknoten im 11. Haus steht, dem Haus der Freunde und Ideale. Das ist auch das Wassermann-Haus, das Haus der Überzeugungen und des Glaubens; es kann aber auch Vorurteile beherbergen.

Als Pluto eine Konjunktion zu ihrem Chiron im Skorpion bildete, war sie in Therapie, und diese befasste sich vornehmlich mit der Anerkennung und Annahme vieler verletzter Gefühle aus der Kindheit. Die Trauer über den plötzlichen Verlust der Mutter warf Rosie in ihrem Leben weit, ja bis zur Geburt zurück und legte sehr viel Schmerz frei. Rosie begann den zornigen, unkontrollierbaren »epileptischen« Zwilling in sich selbst zu entdecken. Da ihre eigenen Bedürfnisse oft zugunsten der Schwester, welche die Familie durch die schlimme Krankheit beherrschte, in den Hintergrund gedrängt wurden, strömte all die Verletztheit und Empörung unter dem Einfluss dieses Transits hervor, als Rosie sich von dem Bedürfnis trennte, stets zu besänftigen und zu vermitteln – ein Gebiet, auf dem sie immer noch Expertin war. Interessanterweise befand sich der transitierende Chiron zu der Zeit auch im Zeichen Zwillinge, als sie ihre Beziehung mit dem inneren Zwilling, ihrer anderen Hälfte heilte. Dies ermöglichte ihr auch, wichtige Korrekturen in ihrer Beziehung mit der Zwillingsschwester vorzunehmen und das Gefühl loszulassen, für deren Unglück irgendwie mitverantwortlich zu sein.

Als es zu dem Pluto-Quadrat kam, war auch das Quadrat zu Mars betroffen, dem Herrscher über den südlichen Mondknoten, und sein nächster Kontakt traf Venus, die Herrscherin über den nördlichen Mondknoten. Eine Idee kam ihr, ein Impuls begann zu keimen und nahm weiter Gestalt an, als Pluto ihrer Venus begegnete. Um die Zeit, als Pluto eine Konjunktion zu ihrem südlichen Mondknoten bildete, hatte Rosie ihre Stelle aufgegeben, ihre Wohnung vermietet und war in Afrika, wo sie an einem kooperativen Wohnprojekt arbeitete und im Freien unter sengender Sonne Lehmziegel anfertigte. Im Laufe der vorausgegangenen Jahre, in denen sie sich auf diese Veränderung vorbereitete, hatte sie sich auch in Massage und verschiedenen ganzheitlichen physikalischen Therapien ausbilden lassen. Sobald sie in Afrika war, lernte sie traditionelle Heiler kennen, mit denen sie zusammenarbeitete, während sie eine sehr erdverbundene Lebensweise pflegte, indem sie gemeinsam mit den Menschen im Dorf Ziegel brannte und Häuser baute.

Im Interesse ihres eigenen Gleichgewichts hat sie ihren nördlichen Mondknoten im Erdzeichen Stier intensiv gelebt, und es hat sich enorm gelohnt. Die Arbeit an und mit diesen Qualitäten hat ihr ausreichend Erdung und Substanzempfinden gegeben, um mit einigen der emotionellen Komplexitäten in ihrer Familie besser umgehen zu können.

Die sabischen Symbole

In der Astrologie gibt es verschiedene Symbolreihen, die den Graden des Tierkreises zugeordnet werden. Am liebsten ist mir Dane Rudhyars Deutung der Symbole, die von der hellsichtigen Elsie Wheeler gechannelt und von Marc Edmund Jones erstmalig aufgezeichnet wurden.[20] Es ist ein sehr inspirierendes Buch und vorausgesetzt, Sie nehmen die Symbole nicht allzu wörtlich, können diese ein sehr nützliches Sprungbrett für Ihre Vorstellungskraft und Intuition sein.

Die beiden sabischen Symbole für den nördlichen und den südlichen Mondknoten sind oft sehr interessant, sie können Bilder bieten, die die Achse überaus treffend charakterisieren. Betrachten wir einmal unser nun schon recht vertrautes Beispielhoroskop. Das Symbol für den nördlichen Mondknoten ist »ein riesiger öffentlicher Park«. Hier ein Auszug aus der Deutung: »Schlüssel: die Kultivierung natürlicher Energien zu Nutzen und Belebung der Gemeinschaft.« Erinnern Sie sich: Rosie war Architektin und befasste sich vornehmlich mit gemeinschaftsorientierten Projekten. »Positive und eindrucksvolle Resultate der gemeinschaftlichen Bemühung der Menschen, in Frieden zu leben... Der öffentliche Park ist bestimmt und wird erhalten zur Freude aller Menschen in der Stadt. Dies ist ein Symbol für gemeinschaftliches Vergnügen und Freude.«[21] Das ist sehr interessant, wenn wir an Rosies Architektenarbeit in einem kooperativen Projekt denken – und dann wieder an ihr Wirken innerhalb einer Dorfgemeinschaft in Afrika, wo sie Lehmziegel herstellte und damit Häuser baute.

Einer ihrer Balance-Punkte liegt bei 25° Löwe, der Spitze ihres 9. Hauses, und bedeutet Transformation durch weite Reisen.

Das sabische Symbol ist: »Ein großes Kamel durchquert eine riesige, gefährliche Wüste ... Unabhängigkeit angesichts eines langen und erschöpfenden Abenteuers... Der Organismus, das Lebewesen trägt in sich, was zum Überleben absolut notwendig ist ... Selbstvertrauen und Selbständigkeit.«[22] Dies war ein wichtiges Motiv. Mit ihrem Horoskop, in dem das Element Wasser überwiegt, gewann Rosie ihre Freiheit, nicht, indem sie irgendeine ihrer schwierigen Beziehungen – einschließlich der zu ihrer Zwillingsschwester – abbrach, sondern indem sie sich mit großer Hartnäckigkeit hineinhängte.

Der andere Balance-Punkt ist sogar noch erstaunlicher. Dieser befindet sich bei 25° Wassermann im 3. Haus: »... ein Schmetterling, dessen rechter Flügel vollendeter gestaltet ist«. Erinnern Sie sich daran, dass Rosie mit einem bei der Entbindung gebrochenen Arm auf die Welt kam? Die Deutung lautet hier: »Die Fähigkeit, den rationalen und voll bewussten Aspekt des menschlichen Geistes vor der normalen Entwicklung herauszubilden«.[23] Rosie hat keine persönlichen Planeten in Luftzeichen, jedoch steht Uranus in den Zwillingen und Neptun in der Waage. Vielleicht erwarb sie als Kompensation einen akademischen Grad im Fach Architektur. Sie war sehr intelligent, gab aber selbst zu, dass sie intellektuell nur in etwa mithalte.

Teilnehmer: Ich bin verwirrt. Der Balance-Punkt ist doch auf 24°14°, nicht auf 25°.

Melanie: Wenn wir von den sabischen Symbolen sprechen, so gilt als vereinbart, dass sie auf den nächsten vollen Grad aufgerundet werden. 24° plus x Minuten – und sei es auch nur eine Minute – ist also der 25. Grad. Wenn Sie sich vor Augen halten, dass 00°00' bis 00°59' Widder der erste Grad des Tierkreises ist, dann geht die Rechnung auf.

Aus allem, was wir untersucht haben, geht meines Erachtens klar hervor, wie wichtig die Knoten in der Partnerschaftsastrologie sind, da es bei ihnen um innere und äußere Beziehung geht. Wenn die Mondknotenachse von Transiten aktiviert wird oder wenn die transitierende Mondknotenachse selbst einen Planeten auslöst, sind wichtige Begegnungen mit anderen Menschen wahrscheinlich. Eine der stärksten Verbindungen zwischen zwei Horoskopen besteht, wenn die Mondknotenachse der einen Person sich nach einem der Eckpunkte des anderen Partners ausrichtet. Es wird wahrscheinlich eine – angenehme oder unangenehme – Verbindung von großer Intensität sein, die über eine lange Zeit tiefe Resonanzen bewirkt. Es ist, als sei das Leben mit dem der anderen Person verbunden, ob uns das gefällt oder nicht. Selbst wenn die Beziehung scheitert und zu Ende geht, wird ihre Wirkung doch von Dauer sein. Eine solche Verbindung finden wir häufig zwischen den Horoskopen von Paaren, und ich habe eine ganze Reihe von Fällen kennen gelernt, in denen dieser Zusammenhang wechselseitig bestand. Menschen mit Mondknoten-Konjunktionen zu den Hauptachsen fällt es oft schwer, sich zu trennen, fast so, als ob ihre Leben dazu bestimmt wären, auf irgendeine Weise zusammenzufließen, ob sie auf der oberflächlicheren Ebene der Vereinbarkeit übereinstimmen oder nicht.

Wenn zum Beispiel der nördliche Mondknoten einer Person eine Konjunktion zu Ihrem MC bildet, dann können Sie damit rechnen, dass es eine professionelle Verbindung sein wird, die eine Menge Energie in sich birgt. Die andere Person kann Ihren Ehrgeiz anregen, Ihnen helfen und Sie unterstützen. Doch dies bedeutet auch, dass deren Südknoten eine Konjunktion zu Ihrem IC bildet, und so könnten Sie feststellen, dass die intime, persönliche Ebene dieser Art des Kontakts mit Resten aus der Vergangenheit belastet wird. Wäre der südliche Mondknoten auf dem MC, würde die Gegenwart dieser Person Ihr Verlangen nach Sicherheit, Behaglichkeit und familiärer Nähe ansprechen; sie mag Ihnen sogar schon bei der ersten Begegnung auf eigenartige Weise vertraut vorkommen. Wenn der südliche Mondknoten der anderen Person sich auf Ihrem MC befindet, könnten Sie jedoch feststellen, dass sie wünscht, dass Sie die Dinge in die Hand nehmen und die Entscheidungen treffen; vielleicht sonnt sie sich sogar im Lichte Ihres beruflichen Erfolges.

Sie müssen immer beide Enden der Achse betrachten, und da die MC/IC-Achse zugleich die Eltern-Achse ist, werden solche Themen fast mit Sicherheit zutage treten. Bei den anderen Kardinalpunkten, dem Aszendenten und dem Deszendenten, liegt das Gewicht auf Themen der Identität und Ihrer Art der zwischenmenschlichen Interaktion. Wenn die Mondknotenachsen der beiden Personen ein Quadrat zueinander bilden, kann ein Gefühl vorherrschen, buchstäblich »über Kreuz« zu sein. Der eine will mehr, als der andere geben kann, oder es gibt keine leichte Einigung über die geeignete Form für diese Beziehung. Weil die Achsen auch die Balance-Punkte des anderen berühren, können die Mondknoten-Quadrate zwischen zwei Horoskopen auch sehr wertvoll sein, und die psychologische Reifung beider Beteiligten beschleunigen.

Wenn der nördliche Mondknoten der einen Person einen Planeten im Horoskop des Partners kontaktiert, dann kann er – wenn wir uns unser Bild vom Drachen vor Augen halten – den Anschein erwecken, diesen Planeten zu verschlingen, ihn aufzufressen und zu verdauen. Wenn es Ihr Planet ist, so müssen Sie vielleicht schwer arbeiten, um ihn – bildlich gesprochen – wieder zurückzuerhalten! Paradoxerweise kann dies eine Stärkung und Verbesserung der Wirkung dieses Planeten für Sie bedeuten, da der Mondknoten-Kontakt der anderen Person Ihnen Energie verleiht. Wenn dies jedoch unbewusst geschieht und einen Planeten betrifft, dessen Qualitäten Sie nicht integriert haben, könnten Sie sich am Ende seiner »beraubt« fühlen. Ein Beispiel hierfür war eine Frau, zu deren Merkur eine Konjunktion vom nördlichen Mondknoten ihres Partners bestand.

Wenn sie zusammen waren, war er immer der Gesprächigere von beiden, obwohl Freunde berichteten, dass dies nicht immer so sei. Unter den gleichen Umständen empfand sich meine Klientin als nicht sehr beredt und eher langsam im Denken, und sie war darüber verwirrt, weil das ganz und gar nicht ihrem Temperament entsprach! Wenn jemand seinen nördlichen Mondknoten auf Ihrer Venus hat, könnten Sie plötzlich recht selbstkritisch empfinden, Ihre Unzulänglichkeiten bemerken, oder Sie fühlen sich im positiven Falle geschätzt oder gezwungen, auszugehen und sich ein neues Outfit zuzulegen. Zusätzliche Aufmerksamkeit wird also auf den betreffenden Planeten konzentriert, und wenn Sie eine gute Verbindung zu ihm haben, werden Sie davon profitieren.

Andererseits haben Kontakte mit dem südlichen Mondknoten die Wirkung, Energie freizusetzen. Wenn mein südlicher Mondknoten eine Konjunktion zum Planeten eines anderen Menschen bildet, mag dieser angeregt werden, eine Menge Energie von diesem Planeten freizusetzen – was sehr kreativ oder auch ein wenig chaotisch sein kann. Umgekehrt dürften Themen meines eigenen südlichen Mondknotens wie Vergangenheit, Trägheit und Widerstand hervorgehoben werden, und ich selbst finde mich bei dem erwähnten Brettspiel »Leitern und Rutschbahnen« wieder, wie ich gerade zurückgleite.

Teilnehmer: Was ist mit einem Kontakt von Chiron und Mondknoten zwischen zwei Horoskopen?

Melanie: Die Chiron-Themen dürften stark aktiviert werden, setzen einen in Verbindung mit tiefen Verletzungen und auch mit der inneren Quelle der Heilung, sie erweitern die Perspektive und so fort. Ich glaube, es war C. G. Jung, der sagte, dass wir unsere Neurosen nicht wirklich heilen, aber aus ihnen herauswachsen können. Ein Mondknoten/Chiron-Kontakt in einer Beziehung signalisiert oft eine Gelegenheit, genau dies zu tun. Aus einem bestimmten Leidensbereich herauszuwachsen, mag mit einer unangenehmen Erforschung der »Nebengewinne« verbunden sein, die wir daraus beziehen konnten. Damit dürfte zunächst Widerstand ausgelöst werden, und wir haben den Eindruck, die Beziehung verletze uns, weil sie uns vor die Herausforderung zu wachsen stellt. Die Chiron-Person mag als Lehrer oder Mentor funktionieren, doch dies bedeutet nicht, dass es eine einfache Angelegenheit wird!

Teilnehmer: Könnten Sie mehr über den südlichen Mondknoten in Konjunktion mit dem Planeten einer anderen Person sagen? Ich meine, wie fühlt sich der »Planeten-Eigner« dabei?

Melanie: Das wird natürlich davon abhängen, um welchen Planeten es sich dabei handelt. Aber wenn ein signifikanter Bereich Ihres Horoskops vom südlichen Mondknoten eines anderen beleuchtet wird, können Sie zum Empfänger einer großen Menge von Material aus dessen Vergangenheit werden, das durch diese Verbindung energetisiert wird. Nehmen wir zum Beispiel Merkur. Was Sie naiv und ohne Hintergedanken drauflos reden, wird interpretiert oder missverstanden zum Beispiel durch den Filter des Streits, den die andere Person immer mit ihrem Bruder pflegte, oder durch ihr Gefühl von früher, in der Familie überhaupt nicht zu Wort zu kommen. Ein echtes Beispiel einer Konjunktion des Mondes mit dem südlichen Mondknoten einer anderen Person war, dass die Mondknoten-Person einen so starken Widerstand gegen Nähren und Genährtwerden hatte, dass die Mond-Person jedes Mal Missverständnisse riskierte, wenn sie auch nur eine fürsorgliche oder unterstützende Geste machte. Die Mondknoten-Person fühlte sich jedes Mal dominiert, manipuliert oder unterminiert. Die Verhaltensmuster aus der Vergangenheit beider Menschen waren subtil präsent, wie es in jeder Beziehung zwangsläufig der Fall ist, doch durch die erwähnten Kontakte wurden sie noch hervorgehoben. Die positive Version ist wiederum, dass der Planet der anderen Person auch Zeuge für etwas sehr Kreatives sein kann, das tatsächlich freigesetzt wird. Der Begriff »Freisetzung« am südlichen Mondknoten kann die Ausscheidung von Toxinen bedeuten oder die Freisetzung einer schöpferischen Leistung.

Teilnehmer: Wie ist es, wenn ein südlicher Mondknoten auf

dem nördlichen Mondknoten einer anderen Person liegt? Haben die Transite etwas mit Gleichgewicht zu tun?

Melanie: Ja, im Zyklus der Mondknotentransite geht es um Gleichgewicht, und die Halbwiederkehr wird nach knapp über neun Jahren des Zyklus erreicht. Das heißt, die Mondknotensituation, die Sie ansprechen, wird zwischen Menschen mit einem Altersunterschied von etwa neun Jahren bestehen, aber auch bei etwa 27 oder 45 Jahren Unterschied. Das sind interessante Abstände, weil die beiden Menschen auch recht unterschiedliche Muster von den äußeren Planeten her haben, die den kollektiven Hintergrund ihrer Horoskope bilden; die beteiligten Personen werden also von unterschiedlichen Visionen, Verständnissen und Beschäftigungen geprägt.

Denken Sie auch daran, dass jede Opposition, jeder Halbzyklus das Element des Gewahrseins und Bewusstseins in sich trägt, das oft durch einen Konflikt gewonnen wurde, gewiss aber durch die Anerkennung des Andersartigen. Wenn dies in die Synastrie durch den Mondknotenkontakt aufgenommen wird, kann es eine sehr dynamische Verbindung sein, die die Wahrnehmung des Andersseins schärft und im Idealfalle den Wunsch weckt, neue Perspektiven und Seinsweisen zu verstehen und anzunehmen. Größere Missverständnisse und sogenannte Unverträglichkeiten zwischen Menschen werden von der Mondknotenachse oft sehr deutlich widergespiegelt. Es liegt schließlich auf der Hand: Wenn dies der Drahtseilakt Ihres Lebens ist und Sie die Mondknotenthemen eines anderen zu unangenehm finden, dann werden Sie sich fühlen, als ob Sie gleich abstürzten!

Die Person, deren Mondknotenachse anders herum liegt als die Ihre, wird Ereignisse aus Ihrem früheren Leben reaktivieren, die Sie bei einer früheren Mondknoten-Wiederkehr oder einer Halbwiederkehr erlebten. Die Themen Loslassen und Freisetzen am südlichen Mondknoten und die Herausforderung am nördlichen Mondknoten werden ein wichtiger Teil der Beziehung sein. Erinnerungen, Vergangenheit und Trägheit am südlichen Mondknoten jeder Person werden vom nördlichen Mondknoten der anderen Person aufgewühlt und erschüttert, und so können Sie feststellen, was für eine fruchtbare Kombination dies sein kann.

Teilnehmer: Halten Sie die drakonitische Astrologie für nützlich?

Das drakonitische Horoskop

Melanie: Das drakonitische Horoskop ist eine weitere Spur, der wir ein wenig folgen wollen. Die Pflichtlektüre zu diesem Thema stammt von Pamela Crane[24], doch ich möchte versuchen, Ihnen ein Resümee von meinem Verständnis dieses Themas zu geben.

Um ein drakonitisches Horoskop zu berechnen, setzen Sie den nördlichen Mondknoten auf 0°00' Widder und berechnen das ganze Horoskop neu und die Hauptachsen im Verhältnis hierzu. Nehmen wir ein ganz einfaches Beispiel. Wenn Ihr nördlicher Mondknoten im Geburtshoroskop auf 5°00' Widder steht und Sie ihn durch den drakonitischen nördlichen Mondknoten ersetzen, der immer auf 0°00' Widder ist, dann bedeutet das eine Rückwärtsverschiebung um 5°. Sie subtrahieren genau 5° von der Position aller anderen Faktoren. So erhalten Sie Ihr drakonitisches Horoskop. Zum Glück können uns heute schon viele Computerprogramme diese Rechnerei abnehmen!

Wenn wir uns vor Augen halten, dass ein solches Horoskop die Mondknoten als 0° Widder verwendet, den Anfang aller Anfänge, den Urimpuls, dann können wir vielleicht nachvollziehen, wie sie den Antrieb widerspiegeln, der hinter unserem Leben, hinter dieser Inkarnation steht. Auf diese Weise unterstützt das drakonitische oft das tropische Geburtshoroskop – das heißt den herkömmlichen Tierkreis –, füttert ihn, nährt ihn und unterstreicht ihn. Qualitäten, die im drakonitischen Horoskop reflektiert werden, sind wie ein Fundus von Ressourcen, aus dem wir schöpfen können; sie bilden die Quintessenz dessen, wer und was wir bis heute gewesen sind. Angesichts der Symbolik der Mondknoten selbst – als der Interaktion von Sonne, Mond und Erde – könnten wir dieses Horoskop als unser kosmisches Erbe auf einer subtilen Ebene betrachten.

Die Bewertung des metaphysischen Aspekts möchte ich Ihnen überlassen, doch es gibt hier unterschiedliche Perspektiven. In psychologischen Begriffen könnte man sagen, dass das drakonitische Horoskop eine transpersonale Ebene des elterlichen Imagos zeigt, gewissermaßen Ihre spirituellen Eltern. Im Werk Rudolf Steiners heißt es, unser feinstofflicher Körper sei tatsächlich aus der ätherischen Substanz der Planeten gewoben. Vielleicht können wir diese Aussage erweitern und uns vorstellen, dass die Mondknotenachse diese Information trägt. Das Wort »astral« bezieht sich auf die Sterne. Seine Wurzel ist das lateinische Wort *aster* (Stern), und es ist kein Zufall, dass der Astralkörper diesen Namen trägt.

Er ist diejenige Schicht des feinstofflichen Körpers, in dem es um Emotion geht, nicht um rein persönliche, sondern um die Emotion in Verbindung mit dem, was wir als das kollektive Unbewusste bezeichnen können. Aus der Radioastronomie wissen wir, dass wir die gleichen chemischen Elemente, die in unserem Körper vertreten sind, auch in weit entlegenen Bereichen des Alls finden können. Vielleicht ziehen Sie eine karmische Interpretation vor und vertreten die Ansicht, dass das drakonitische Horoskop das Erbe aus unserem früheren Leben zeige, das sich zum Guten oder Schlechten auf dieses Leben auswirkt. Doch wenn Sie es vorziehen, innerhalb des Bezugsrahmens der astrologischen Symbolik zu bleiben und dem Horoskop gestatten, für sich selbst zu sprechen, werden Sie immer noch manche sehr interessanten und nützlichen Einblicke gewinnen, die es an die Oberfläche zu befördern vermag.

Die Beziehung zwischen dem drakonitischen und dem Geburtshoroskop ist auch darum sehr interessant, weil es manchmal eine offensichtliche unterstützende Verbindung gibt, oder weil Themen hervortreten, die das Geburtshoroskop ergänzen oder ausgleichen. Es können ebenso Konflikte aufgezeigt werden, und auch das ist signifikant – fast, als hätte die Person sehr schwer zu arbeiten, um die verschiedenen Stufen, der gegenseitigen Ausrichtung aufeinander zu erreichen. Oder sie leidet an einem Gefühl des Mangels an inneren Ressourcen bzw. sie steht sich immer wieder selbst im Wege und fühlt sich oft innerlich und im Umgang mit anderen »kaputt«.

Natürlich bleibt im drakonitischen Horoskop das ganze Aspektemuster unverändert, und die Planeten stehen in den gleichen Häusern; nur die Zeichen verschieben sich. Besonders interessant wird es bei einem Horoskop, in dem eine bestimmte Gegebenheit sehr stark betont ist, denn diese Gewichtung wird sich im drakonitischen Horoskop verlagern. Ein Großes Kreuz in den fixen Zeichen kann sich in die beweglichen Zeichen verschieben. Ein Stellium im Krebs könnte ins Zeichen Wassermann geraten oder ein mehrfacher Steinbock könnte sich in jemanden verwandeln, dessen drakonitisches Horoskop eine Planetenballung im Zeichen Fische aufweist! Ich habe es besonders aufschlussreich gefunden, Konjunktionen zwischen beiden Horoskopen zu betrachten, da sie unterschiedliche Daseinsebenen miteinander zu verbinden scheinen und gewiss eine besondere Kraft bergen, wenn sie von Transiten aktiviert werden.

Sehr interessant ist es auch, ein drakonitisches Horoskop für jemanden zu erstellen, den Sie gut kennen; in diesem Falle können Sie augenblicklich feststellen, ob es »passt«! Ich lade Sie ein, dies mit Ihrem eigenen Horoskop auszuprobieren, und ich kann Ihnen fast garantieren, dass Sie sehr darauf ansprechen werden. Es erschien mir einleuchtend, das drakonitische Horoskop als eine Ressource zu betrachten, wie eine Quelle des Seins, aus der Sie schöpfen können. Sie wissen, dass der tropische Tierkreis – also derjenige, den wir im Westen normalerweise verwenden – nach Koordinaten berechnet wird, die bei 0° Widder beginnen, also zu der Zeit, wenn die Sonne den Himmelsäquator kreuzt und nordwärts zieht. Damit wird ein sola-

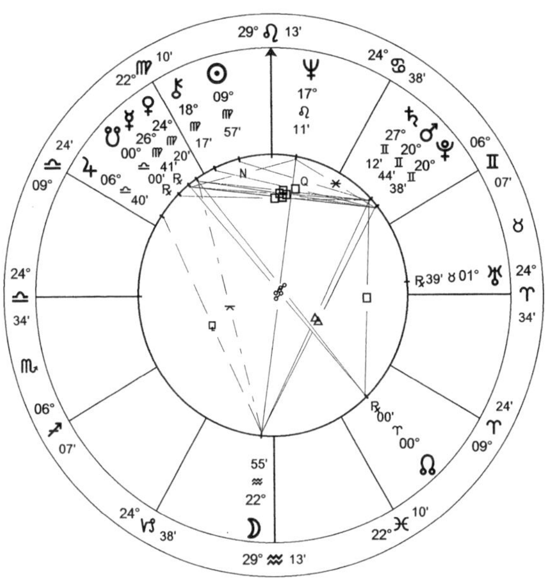

Abbildung 8: Drakonitisches Horoskop von Rosie

rer, ja martialischer Urimpuls mit dem Zodiak verknüpft, mit der Reise des Helden durch den großen »Tierkreis« – der daraus seine psychologische Genauigkeit als Spiegel der Entwicklung des Individuums bezieht und die Entfaltung unseres Werdens kartographisch darstellt.

Der drakonitische Tierkreis enthält ebenfalls den Punkt 0° Widder, aber auf eine andere Weise, da er die Ausrichtung der Mondknoten auf ihn zeigt. Der drakonitische Tierkreis wird nach einem Punkt berechnet, der die Beziehung zwischen Sonne, Mond und Erde darstellt. Er könnte die frühere Summe unserer eigenen Ganzheit zeigen, wie sie unsichtbar den Mustern des tropischen Geburtshoroskops zugrunde liegt. Der Samen unserer Entfaltung wird im tropischen Tierkreis deutlich abgebildet, doch möglicherweise zeigt der drakonitische Tierkreis den Daseinsgrund, aus dem er emporwächst wie eine

Pflanze hinauf zum solaren Licht, das der tropische Zodiak symbolisiert. Ich möchte Ihren Appetit mit einem Beispiel anregen. Hier habe ich nämlich Rosies drakonitisches Horoskop.

Das Element Erde ist auffällig stark vertreten! Drei der Planeten im Zeichen Jungfrau bilden tatsächlich ein Trigon zum nördlichen Mondknoten im Stier, dem – wie Sie sich erinnern – einzigen Erdpunkt im Radixhoroskop. Manche Menschen ohne Planeten im Element Erde verraten dies wirklich, weil sie ungeerdet, auch unverankert sind und viel davon von ihren Freunden beziehen müssen. Oder sie müssen das fehlende Energie-Element durch ihre Tätigkeit oder ihren Beruf in ihr Leben bringen. Es mag schwer für diese Menschen sein, ihren Weg in der Welt zu machen. Obwohl sie sich sehr anstrengen, den Mangel überkompensieren und überaus erfolgreich scheinen – oder reich werden und eine Menge Geld machen –, wird man doch die Spannung spüren, wenn man ihre Energie fühlt. Es ist für sie eben nicht einfach und fließt nicht natürlich.

Doch Rosies Lebensmuster und in der Tat auch ihre Energie, neuerdings auch ihre körperlichen Fertigkeiten auf dem Gebiet der Heilkünste, summieren sich zu einem Bild, das etwas anders ist. Manchmal gleicht ein starker Saturn den Mangel an Erde aus, doch Rosies Saturn steht im Exil und wird flankiert von Pluto und Mars. Er bildet ein Quadrat zur Mondknotenachse und ist damit wichtig, zeigt aber gewiss nicht ihr Gefühl von Leichtigkeit auf der physischen Ebene. Dieser Saturn symbolisiert sehr wohl die Intensität und Tiefe der Beziehung, die sie in sich selbst und in Bezug auf Partner und Familienangehörige und das Chaos in ihrer Kindheit erarbeitet hat. Die Jungfrau-Betonung im drakonitischen Horoskop spiegelt sich in Rosies Tätigkeit als Architektin wider – die, umgeben von Details und Fakten, präzise Zeichnungen anfertigt –, und seit kurzem auch in ihrem Wirken als Heilerin.

In Rosies Fall besteht eine beträchtliche Übereinstimmung zwischen den beiden Horoskopen; wir stellen einen harmonischen und produktiven Austausch fest und finden zahlreiche

Sextile. Beachten Sie, dass der drakonitische Aszendent auf 26° Waage ist, was bedeutet, dass die jüngste Sonnenfinsternis ihn nur um wenige Grade verfehlte und im 12. Haus ankam. Zur Zeit erwägt Rosie, aus Afrika zurückzukehren.

Teilnehmer: Würden Sie bei der Untersuchung eines drakonitischen Horoskops nicht die drakonitischen Transite verwenden?

Melanie: Ich denke, man kann die einen oder die anderen – oder auch beide – Transite verwenden. Soweit ich weiß, gibt es keine drakonitischen Ephemeriden zu kaufen, aber bestimmt gibt es Computerprogramme, die eine Auflistung drakonitischer Transite für das drakonitische Horoskop produzieren. Diese Transite sind sehr interessant und zeigen – auch im Rahmen meiner recht begrenzten Erfahrung – Dinge, die sich unsichtbar unter der Oberfläche entfalten: deutliche innere Bewegungen der Energie oder die Entwicklung von schicksalsbestimmten Situationen. Möglicherweise werden tropische Transite zum drakonitischen Horoskop, wie in diesem Beispiel, etwas eher äußerlich Definiertes anzeigen.

Das Mondknoten-Horoskop nach der Methode Huber

Es gibt noch ein weiteres Mondknoten-Horoskop, das ich erwähnen möchte. Hier sehen Sie Rosies Horoskop als Mondknoten-Horoskop nach der Methode Huber. Ich bin nicht sicher, ob es der Sache gerecht wird, dieses Horoskop einfach als eine weitere Technik hinzuzustellen, denn die Huber-Methode ist in Wirklichkeit ein umfassendes System für sich, und wir sollten eigentlich das vollständige Horoskop ganz im Rahmen dieses Systems interpretieren. Aber da ein rückläufiger Merkur im 8. Haus beide Enden meiner eigenen Mondknotenachse beherrscht, darf ich mir vielleicht für das heutige Seminar etwas davon erbetteln, ausleihen und stehlen.

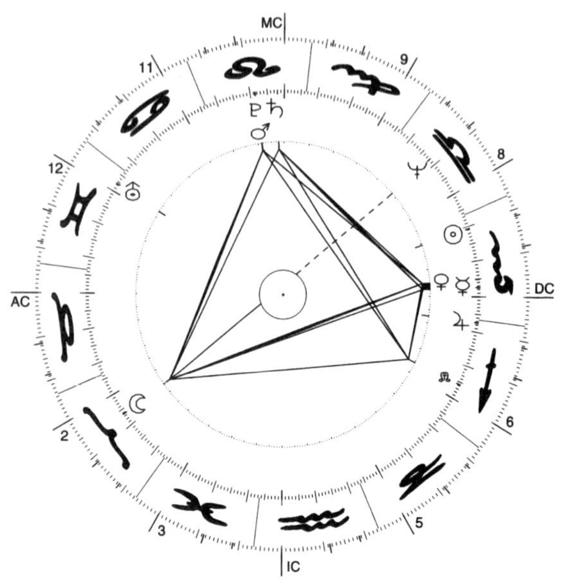

Abbildung 9: Mondknoten-Horoskop nach Huber für Rosie

Wie schon das drakonitische sollte auch dieses Mondknoten-Horoskop zusammen mit dem tropischen Geburtshoroskop verwendet werden. Wie Sie sehen, wird hier der nördliche Mondknoten zum Aszendenten, und an dessen Position kommt der Mondknoten; die beiden werden also vertauscht. Die Häuser sind die gleichen, doch der Tierkreis verläuft hier rückwärts. Wenn Sie ein solches Horoskop für sich selbst erstellen wollen, verlegen Sie Ihren nördlichen Mondknoten auf den Aszendenten. Dann teilen Sie den Kreis in eine Reihe äqualer Häuser auf und bezeichnen den Tierkreis im Uhrzeigersinn. Vergessen Sie nicht, den Mondknoten einzufügen, und zwar an die Position des ursprünglichen Aszendenten. Ansonsten bleiben alle Grade und Minuten der Planeten unverändert. Was Sie damit erhalten, gleicht einem Spiegelbild, einem nach außen gestülpten Horoskop.

Bei der Deutung des Mondknoten-Horoskops innerhalb des Huber-Systems wird der Bezugsrahmen der Reinkarnation verwendet; das Horoskop wird im Hinblick auf »Reinkarnations-Archetypen« betrachtet. So wird dieses Mondknoten-Horoskop zu einer Fundgrube von Bildern, die als Zugangspunkte für tiefe Erinnerungen aus dem kollektiven Unbewussten dienen können, in dem tief eingeprägte Themen in solchen archetypischen Bildern verschlüsselt sind. Zu diesen gibt es auch individuelle karmische Resonanzen, außerdem reflektieren sie Schattenaspekte der psychischen Dimension.

Wenn Sie zum Beispiel Ihr Leben in einem Kloster verbringen und sich nach einer Verbindung mit dem Göttlichen sehnen, dann wird sich diese Struktur sehr tief einprägen und kann wie ein Sog wirken, eine tiefe Unterströmung von Unerfülltheit, die Ihre Glücksfähigkeit in diesem Leben durchkreuzen mag. Manche Menschen identifizieren sich sehr stark mit anderen Kulturen und historischen Epochen, und diese archetypischen Themen werden dann im Hinblick auf das gegenwärtige Leben relevant. Wenn Sie diese Sichtweise in Betracht ziehen, dann ist es entscheidend, nicht zu urteilen und keine Schuldzuweisungen zu machen, weil das Loslassen subtiler, aber unangebrachter Schuldgefühle wichtig ist, um solche Prägungen zu löschen. Louise Huber verbindet das Mondknoten-Horoskop auf spezifische Weise mit dem Astralkörper[25], den wir bereits weiter oben erwähnten.

Rosies Mondknoten-Horoskop ist interessant, weil hier das 7. Haus betont wird. Es gilt im Mondknoten-Horoskop als das Haus der »Begegnung«, und wir wissen aus Rosies Leben, dass dies in der Tat ein wichtiges Thema gewesen ist. Im Rahmen dieser Methode könnten wir spekulieren, dass Rosies Beziehung mit ihrer Zwillingsschwester eine Vorgeschichte vor dem jetzigen Leben gehabt haben mag, und dass Rosie daran gearbeitet hat, bestimmte Resonanzen aus jener weiter zurückliegenden Vergangenheit loszulassen und aufzulösen. Es hat in ihrem Leben auch andere intensive Partnerschaften gegeben, die in diese Kategorie fallen könnten. Das Stellium im Löwen kommt hier ins 10. Haus, den Ort der Mutter, der Autorität und dem Drang, hoch hinaus zu wollen. In der Mondknoten-Astrologie nach Huber wird die Linie 4. Haus/10. Haus als die »Individualachse« bezeichnet.

Auch das erkennen wir deutlich in Rosies Leben. Sie erinnern sich: Es war der Verlust ihrer Mutter, der den Beginn eines tiefinneren und intensiven Transformationsprozesses ausgelöst hat. Obwohl Rosie nicht die Erstgeborene war, hatte sie in der Familie die Rolle der Ältesten angenommen. Ihr Vater ist jetzt alt und schwach, und es gab viele schwierige Situationen mit ihrer Zwillingsschwester, die sie bewältigen musste. Durch ihre Beziehungen innerhalb der eigenen Familie und auch im Bereich ihrer beruflichen Tätigkeit hat sie Schritt für Schritt ihren Sinn für Autorität im Leben wieder entdeckt und sich allen Situationen fern gehalten, von denen sie sich, wie sie erkannt hatte, trennen musste.

Mondknoten-Polaritäten

Im nächsten Teil werden Sie nun Gelegenheit bekommen, sich selbst Gedanken über Ihre Mondknoten zu machen. Wir werden uns nach den Polaritäten der Zeichen in sechs Gruppen aufteilen, denn nun steht die Betrachtung Ihrer Mondknotenachse auf der Tagesordnung. Untersuchen Sie diese Achse auf jede gewünschte Weise, doch versuchen Sie, wenigstens einige der Techniken und Prinzipien zu berücksichtigen, die wir besprochen haben, wie z.B. Dispositoren, Aspekte und so weiter. Eine andere Methode zur Betrachtung der Stellung der Mondknoten in den Zeichen stammt aus Donna van Toens exzellentem Buch *The Astrologer's Node Book*[26]. Sie schreibt, dass das Zeichen des nördlichen Mondknotens zeigt, was Sie tun müssen, um das »fehlende Etwas« in Ihrem Leben zu finden; der südliche Mondknoten hingegen bietet Ihnen die Ausrede, nicht zu tun, was nötig ist. Dies ist ein einfacher und effektiver Zugang zur Erforschung der Mondknoten nach ihrer Zeichenstellung.

Untersuchen Sie auch Transite, wenn die Zeit dazu reicht. Stellen Sie fest, wie Sie selbst diese im Vergleich zu den anderen erleben, und wie auch Züge Ihres Horoskops den Unterschied betonen. Vielleicht haben Sie die Gelegenheit, Ihre Notizen mit jemandem zu vergleichen, dessen Mondknotenachse umgekehrt liegt, um so Ihre eigene besser zu verstehen. Danach werden wir uns einige Zeit nehmen, um Ihre Entdeckungen gemeinsam zu besprechen, so dass wir alle von der Arbeit jedes Einzelnen profitieren können. Versuchen Sie schließlich ein Bild zu finden – gemeinsam oder jeder für sich –, das alle Inhalte und Bedeutungen Ihrer Mondknotenachse umfasst, die Sie entdeckt haben. Dies dürfte eine Möglichkeit sein, Ihre Intuition einzubeziehen, welche oft bildlich zusammenfasst, was Sie erarbeitet haben.

Die Widder/Waage-Achse

Wir kommen jetzt wieder als ganze Gruppe zusammen und nehmen uns einige Zeit, um das durchzugehen, was Sie herausgefunden haben. Lassen Sie uns systematisch vorgehen und mit Widder-Waage beginnen. Was hat die Gruppe entdeckt?

Teilnehmer: Wir schienen zwischen Zustimmung und Unstimmigkeit zu schwanken, und es gab einige Schwierigkeiten anzufangen, weil wir alle Wünsche zur Vorgehensweise berücksichtigen wollten.

Melanie: Gab es einen Unterschied zwischen Personen mit dem nördlichen Mondknoten im Widder und jenen mit dem nördlichen Mondknoten in der Waage?

Teilnehmer: Ja, das war wirklich interessant. Meist waren es tatsächlich jene mit dem nördlichen Mondknoten im Widder, die zuhörten, vermittelten und versuchten, alle zu berücksichtigen – und dann frustriert wurden, weil wir auf diese Weise nicht vorankamen!

Teilnehmer: Und diejenigen mit dem nördlichen Mondknoten in der Waage wollten einfach drauflospreschen!

Melanie: Damit haben die meisten von Ihnen die Haltung des südlichen Mondknotens zum Ausdruck gebracht. Das lässt mich an das Bild vom Sicherheitsnetz denken, über das wir gesprochen haben, und an die Feststellung, dass der südliche Mondknoten wie die Linie des geringsten Widerstandes ist, auf die wir zurückfallen können.

Teilnehmer: Sobald wir dann in Fahrt waren und entschieden hatten, wie wir vorgehen wollten, tendierten die Leute mit dem nördlichen Mondknoten im Widder zu größerer Klarheit und Direktheit und wollten über ihr Erleben sprechen.

Teilnehmer: Wir stellten auch fest, dass die Stellungen von Mars und Venus in Zeichen und Haus einen Unterschied im Hinblick darauf ausmachten, wie das Gleichgewicht erlebt wurde. Ich habe Mars im Steinbock, und ich sprach zuerst und wurde ungeduldig. Ich wollte, dass wir alle soviel wie möglich von dem Papier erarbeiteten und dann darüber berichteten, aber nicht alle waren damit einverstanden, weil sie dachten, es wäre zu viel in der Zeit, die uns zur Verfügung stand!

Teilnehmer: Sie hat wohl die richtige Vision für die Arbeit, aber sie lässt sich unmöglich umsetzen!

Melanie: Erkennen Sie hier die altbekannte Widder/Waage-Thematik »ich/du/wir« wieder? Und Aktion-Reflexion? Bei dieser Achse ist das Gleichgewicht zwischen Selbstbehauptung einerseits und Berücksichtigung des Mitmenschen andererseits ein Thema, aber auch das Verlangen, ein Gleichgewicht zu finden, ohne dabei die individuellen Impulse zu übergehen. Haben Sie ein Bild erarbeiten können?

Teilnehmer: Nicht wirklich, außer der Feststellung, dass das Bild von den Waagschalen durcheinander ist, doch wir hatten nicht das Gefühl, dass dies der positiven Seite des Zeichens Widder gerecht wird.

Melanie: Sie wollten Gerechtigkeit! Das ist auch deshalb eine interessante Achse, weil es eine große Zahl von Transiten im Zeichen Steinbock gegeben hat, also in einem der Balance-Punkte für diese Achse. Jeder von Ihnen dürfte ein Quadrat von Uranus, möglicherweise auch von Neptun zu den Mondknoten gehabt haben – Gleichgewicht oder Ruin!

Teilnehmer: Diese Erkenntnis brachte etwas Licht in eine sehr intensive Phase meines Lebens, als ich mich in einer Beziehungssituatiuon sehr zerrissen fühlte. Es war wie auf einer Wippe, und ich habe die Transite zu den Mondknoten nicht wirklich untersucht, aber das erscheint im Hinblick auf den gesamten Prozess sinnvoll.

Melanie: Heute steht der nördliche Mondknoten etwa in 5° Waage. Hat jemand von Ihnen gerade eine Mondknoten-Wiederkehr?

Teilnehmer: Mein nördlicher Mondknoten ist in 20°23' Widder, somit hatte ich im Februar diesen Jahres eine Halbwiederkehr. Das habe ich bis heute nicht bemerkt. Doch es scheint einige Dinge zu erklären. Ich habe die Sonne in den Fischen, im Trigon zu Mond im Krebs, aber mein nördlicher Mondknoten steht in Konjunktion mit Mars und Saturn im Widder. Ich versuche immer, Konflikten aus dem Wege zu gehen, aber in dieser Zeit wurde ich in eine Situation gedrängt, in der ich meinen Standpunkt behaupten musste.

Melanie: Wie steht es mit den Ressourcen Ihres südlichen Mondknotens? Wo steht Ihre Venus?

Teilnehmer: Im Wassermann, in enger Konjunktion mit Merkur und im Quinkunx mit Pluto in der Jungfrau. Diese Aspekte sind sehr exakt, alle sind innerhalb von weniger als einem Grad.

Melanie: Wenn Sie sich den südlichen Mondknoten als ein Sicherheitsnetz vorstellen oder als etwas, das Sie in sich tragen, das Sie mitgebracht haben – was bedeutet er dann für Sie?

Teilnehmer: Nun, ich nehme an, dass ich meine Prinzipien klären und Dinge überdenken muss. Gewöhnlich fließe ich mit dem mit, was andere wollen. Mein nördlicher Mondknoten, Mars und Saturn sind im 4. Haus, und in meiner Familie gab es viel Grobheit, Streit und so weiter. Ich wollte niemals so sein. Doch ich stellte fest, dass ich mich gewissermaßen von den Wurzeln abgetrennt hatte und nun keinen Boden mehr spürte. Und den musste ich wiederfinden, und zwar schnell!

Melanie: Da gibt es die Aktivität des nördlichen Mondknotens, die etwas auf den aktuellen Stand der Zeit bringt. Obwohl Sie Erfahrung mit einem negativen Mars-Saturn hatten und entschlossen waren, nicht so zu sein, wurden Sie herausgefordert, den positiven Ausdruck dieser Verbindung zu finden. Geschah dies im Arbeitsumfeld? Ich denke dabei an den südlichen Mondknoten, der im 10. Haus steht.

Teilnehmer: Die eigentliche Situation schon. Aber die Veränderungen, durch die ich ging, hatten auch Widerhall in meiner Familie. Das Bild von der Behauptung meines Standpunktes trifft am Ende auf beide Bereiche gleichermaßen zu.

Melanie: Sie werden bald auch Ihre Saturn-Wiederkehr haben, und dies ist ein interessantes Vorspiel, weil Saturn die Gewinne festigt, die vorher gemacht wurden. Wie steht es mit der Stier/Skorpion-Gruppe?

Die Stier/Skorpion-Achse

Teilnehmer: Wir schienen uns auf das Thema Ressourcen zu konzentrieren und auf das Gefühl, sie zu besitzen oder nicht. In unserer Gruppe ist nur eine Person mit dem nördlichen Mondknoten im Skorpion. Sie betonte, dass sie einen großen Widerstand dagegen empfinde, Dinge zu komplizieren, obwohl sie das im Emotionellen zwangsläufig tue. Sie versucht stets, ihr Leben zu vereinfachen, liebt die Natur und sinnliche Dinge, hat aber Schwierigkeiten mit ihrer Sexualität, weil sie der emotionellen Komplexität überdrüssig ist, zu der sie führt. Die Personen mit dem Mondknoten im Stier hingegen scheinen die Komplexität fast zu hofieren und müssen lernen, einfache Dinge wertzuschätzen und erdige Werte zu würdigen. Eine Teilnehmerin sagte, sie habe zu lernen, ihre Produktivität bei der Arbeit – mit anderen Worten: das Geld auf der Bank – ebenso zu schätzen wie ihren Appetit auf hochriskante emotionelle Situationen!

Melanie: Ihre Gruppe scheint nur einen Sprecher zu haben. Haben Sie das selbst entschieden oder ergab es sich einfach so?

Teilnehmer: Die meisten von uns verbergen sich im Skorpion, und der Rest ist faul im Stier!

Melanie: Und der Sprecher?

Teilnehmer: Nun, ich habe einen Widder-Mars im Trigon zur Venus im Steinbock und im Trigon mit dem Mond im Löwen.

Es ist fast ein Großes Trigon, da zwischen Venus und Mond etwa 13° liegen.

Melanie: Wo steht Ihr Jupiter?

Teilnehmer: Am Anfang des Zeichens Waage, damit sind Jupiter und Venus in gegenseitiger Rezeption und beherrschen meinen nördlichen Mondknoten im Stier. Ich übernehme gerne die Initiative, aber es ist nicht immer so gewesen. Mein Saturn befindet sich in Konjunktion mit der Venus, und obwohl ich so viel Feuer habe, fühle ich mich manchmal doch recht schüchtern, wie verängstigt, in ein Fettnäpfchen zu treten oder loszulassen. Ich denke, in letzter Zeit hat sich eine Menge geändert, als Pluto über meinen südlichen Mondknoten zog. Ich fing an, meinen Mars wirklich in Besitz zu nehmen.

Teilnehmer: Wir haben einige Zeit damit verbracht, unsere Notizen über diesen Transit zu vergleichen. Für die meisten von uns war das ganz schön schwierig. Interessant war es, weil jene, die dies bereits vor einigen Jahren durchgemacht haben, heute zurückblicken und berichten konnten. Es gibt ein Leben nach der Konjunktion Plutos mit dem südlichen Mondknoten!

Melanie: Ja! Sie alle werden diesen Transit gehabt haben, eine Phase von sehr tiefgreifenden Neuorientierungen und Korrekturen, in der Sie wohl manchmal das Gefühl haben konnten, als würden Sie alles verlieren.

Teilnehmer: Ich habe tatsächlich alles verloren, zumindest alles Materielle: Die Firma meines Mannes ging bankrott, und wir mussten eine neue Hypothek auf unser Haus aufnehmen, das wir dann am Ende ebenfalls verloren haben. Es war entsetzlich. Dieses Stier/Skorpion-Thema bezüglich der Ressourcen – wir hatten es buchstäblich hautnah erlebt. Ich hatte mir selbst keine Karriere aufgebaut, weil wir nie auf das Geld angewiesen waren, das ich verdient hätte. Ich nehme an, ich hatte nicht viel Motivation, vielleicht war ich auch zu faul – manchmal faul, manchmal übereifrig! Ich hätte nie geglaubt, dass so etwas passieren könnte.

Melanie: Ist aus dieser Zeit irgendetwas Positives entstanden?

Teilnehmer: Ja, ich lernte etwas zum Thema »Loslassen« und

ich sah, wie der Verlust Raum schafft für Gewinn, und ich bekam auch meine Karriere zustande. Das war interessant: Einige Zeit war ich der Brotverdiener, und musste lernen, was es heißt zu teilen, als ich es war, die mehr Geld ins Haus brachte! Emotionell fühlte sich alles sehr chaotisch an, ich führte mich hin und wieder wie ein boshafter Teenager auf, und zerfloss dann wieder voller Selbstmitleid. Es war eine echte Einweihungserfahrung und manche tiefen Gefühle, die ich schon immer gehabt hatte, kamen an die Oberfläche, nämlich irgendwie schlecht behandelt zu werden. Ich empfand mich nicht als Opfer, hatte aber einfach den Eindruck, dass das Leben mir etwas schuldete, das ich einfach nicht bekam. Ich lernte auch etwas über das Geben.

Melanie: Sie alle werden irgendwann im Laufe der kommenden Jahre ein Quadrat von Uranus und danach von Neptun zu Ihren Mondknoten haben.

Teilnehmer: Ich habe das bereits hinter mir, da meine Mondknoten auf 2° stehen.

Melanie: Dann bleibt Ihnen in Kürze noch ein weiterer exakter Aspekt. Was ist bisher geschehen?

Teilnehmer: Es war eine Zeit des Losreißens von Dingen. Es war nicht wie der Pluto-Transit, den ich vor etwa zwölf Jahren erlebte. Jener war langsam, und es ging dabei viel um das Thema Tod. Aber Uranus war aufregend. Ich zog um, ließ viel Vergangenheit hinter mir, schloss neue Freundschaften und empfand alles als recht schnelllebig. Jetzt meine ich manchmal, ich bin immer noch dabei, mich selbst einzuholen. Ich habe gemerkt, wie lange es dauert, mich zu verändern, und im Moment fühlt sich das sehr befreiend an.

Melanie: Dankeschön. Wenn Sie fertig sind, dann gehen wir weiter zu der Zwillinge/Schütze-Gruppe.

Teilnehmer: Wir sind nur zu zweit und beide haben wir den nördlichen Mondknoten im Zeichen Schütze. Ich habe Mars in den Zwillingen in Konjunktion mit dem südlichen Mondknoten im 11. Haus. Ich habe kein Problem mit dem Reden und ich mag besonders Gruppen, Diskussionsgruppen, Studiengruppen aller Art. Mein nördlicher Mondknoten ist durch ein Großes Trigon mit Pluto im Löwen und Venus im Widder verbunden, die Venus steht genau auf dem MC. Man könnte sagen, dass die Mondknotenachse das Dreieck halbiert, gewissermaßen zuschneidet wie für einen Papierdrachen. Das Hauptgewicht scheint im 5. Haus zu liegen, auf dem nördlichen Mondknoten, doch Jupiter ist im 12. Haus, und obwohl meine Freunde hauptsächlich diese extravertierte Seite kennen, kann ich auch recht einsiedlerisch sein.

Melanie: Wie steht es mit dem anderen nördlichen Mondknoten im Zeichen Schütze? Haben Sie Ähnlichkeiten gefunden?

Teilnehmer: Ja, und auch jede Menge Unterschiede. Mein südlicher Mondknoten ist im 7. Haus, und ich liebe es, Ideen auszutauschen – allerdings lieber unter vier Augen. Ich habe ein stark besetztes 9. Haus, und Saturn im 12. Haus befindet sich in einer weiten Konjunktion zum nördlichen Mondknoten im 1. Haus. Manchmal halte ich mich selbst sehr zurück, und manchmal mache ich einen Sprung vorwärts.

Melanie: Wo steht Ihr Jupiter?

Teilnehmer: Er ist in der Jungfrau im 9. Haus, mit Merkur und Pluto auf beiden Seiten, jeweils etwa 9° entfernt. Ich interessiere mich ungeheuer für spirituelle und ethische Fragen – die Suche nach dem Sinn ist für mich sehr real. Pluto bildet eine Konjunktion zu meiner Sonne im Löwen. Ich kann mich erinnern, dass ich als Kind so viele Dinge nicht verstand. Manchmal ergeben sie auch heute noch keinen Sinn! Aber ich habe immer Fragen gestellt, Fragen über unmögliche Dinge des Lebens und was es damit alles auf sich hat.

Melanie: Sie haben also ein Jupiter/Saturn-Thema in Verbindung mit Ihren Mondknoten. Jupiter regiert, aber Saturn ist in Konjunktion.

Teilnehmer: Ich wollte immer etwas mit Religion anfangen. Ich meine, mich z.B. der Kirchengemeindc anschließen oder so etwas. Als ich klein war, wollte ich eine Nonne sein, aber als ich älter wurde, erkannte ich, dass dies wohl doch nicht das Richtige für mich wäre!

Melanie: Was haben Sie aus Ihrer spirituellen Berufung gemacht?

Teilnehmer: Ich denke, es war meine Aufgabe, sie abzukühlen, sie loszulassen und einiges von diesem Feuereifer zu verinnerlichen. So verstehe ich den Saturn im 12. Haus, der durch Konjunktion sehr eng mit meinem Aszendenten verbunden ist.

Melanie: Pluto erreichte im letzten Monat fast eine Konjunktion mit Ihrem nördlichen Mondknoten und entfernte sich dann wieder.

Teilnehmer: Ja. Insofern empfinde ich eine gewisse Erleichterung, da er über einige Jahre hinweg meinen Saturn und Aszendenten im Skorpion gekreuzt hat; das war schon etwas. Ich fühlte mich, als müsste ich innerlich langsam explodieren. Ich war lange Zeit recht deprimiert und hatte keinen Zugang zu dem, worum es ging. Ich ging zu Jungschen Analytikern, und das war wirklich wichtig für mich.

Melanie: In welcher Hinsicht war dies wichtig?

Teilnehmer: Erstens ging es um meine Gefühle. Ich hatte eine Menge angestauter Gefühle, und heute kann ich sehen, dass sie den Zugang zu meinem Empfinden von Sinn und Zweck blockierten. Ich habe zwei Wasser-Planeten an den Achsen: Saturn in Konjunktion zum Aszendenten und Mars in den Fischen und in Konjunktion zum IC. Noch dazu ist die Venus im Krebs im 8. Haus. Irgendwann sank der Pegel, das viele Wasser versickerte in den Boden, unterhalb von anderen Kämpfen in meinem Leben. Ich hatte das Gefühl, als zöge es mich da hinein. Es war wie Ertrinken.

Melanie: Wann haben Sie mit der Analyse begonnen?

Teilnehmer: Im Jahr 1992, nach meiner Chiron-Opposition. Sie kreuzte meinen Uranus, und ich wurde geradezu manisch. Dann brach ich zusammen und wusste, dass ich den Prozess ernst nehmen musste.

Melanie: Können Sie Ihre Yod-Figur sehen? Chiron ist an der Spitze und durch die beiden Quinkunxe mit dem Sextil von Jupiter und Venus verbunden. Beachten Sie auch, dass Jupiter in 7°58' Jungfrau ist; damit bildet er nicht nur ein Quadrat zur Mondknotenachse, sondern wird in den kommenden Jahren auch durch ein Quadrat mit Pluto verbunden sein. Sie waren auch in der Analyse, als im Jahr darauf Ihre Mondknoten-Wiederkehr eintrat.

Teilnehmer: Das habe ich nicht gemerkt. Ich war so auf Pluto konzentriert, der Saturn und den Aszendenten kreuzte! Es war eine Zeit, in der verschiedene Erlebniszyklen und auch Überzeugungen zu Ende gingen. Bis dahin hatte ich nie begriffen, welche Macht Überzeugungen besitzen. Meine Philosophie ist mir überaus wichtig, sonst habe ich keine Motivation. Auf dieser Ebene bin ich immer noch dabei, Dinge auszusortieren, doch ich denke, inzwischen ist mein Vertrauen gewachsen, dass der Sinn von selbst kommen wird; ich muss nicht alles herausbekommen. Das Wissen, dass Pluto sich jetzt im Zeichen Schütze befindet und ich dabei nicht ganz allein bin, ist ebenfalls eine Hilfe. Ich meine, es handelt sich auch um einen kollektiven Prozess.

Melanie: Das ist ein sehr stimmiger Ausdruck des nördlichen Mondknotens in Schütze im 1. Haus und Jupiters in der Jungfrau im 9. Haus im Quadrat zum nördlichen Mondknoten. Wie steht es mit der Gruppe Krebs-Steinbock?

Teilnehmer: Wir haben unsere Notizen darüber ausgetauscht, was während der Uranus/Neptun-Konjunktion geschah, denn die meisten von uns hatten sie entweder in Konjunktion zu dem einen oder dem anderen Mondknoten oder einem Planeten, der sehr nahe bei den Knoten stand. Wir alle scheinen mindestens einen – manche auch mehrere – Planeten in Konjunktion zum Steinbock-Ende der Mondknotenachse zu haben. Das Thema Sicherheit war sehr stark und kam auf verschiedene Weisen zum Vorschein. Die meisten von uns erlitten einen Verlust von Verbindungen in die Vergangenheit, manche durch die Arbeit, andere durch die Familie. Aber für die meisten war es auch eine Zeit der kreativen Veränderung – frei zu werden von Erwartungen, von tief eingefahrenen Zugehörigkeiten, Zielsetzungen und so weiter.

Melanie: Lassen Sie uns versuchen, die beiden Enden der Mondknotenachse zu unterscheiden. Lassen Sie uns zuerst von jenen etwas hören, die den nördlichen Mondknoten im Krebs haben.

Teilnehmer: Einer von uns hat die Sonne und ein anderer den Mond sehr nahe beim Mondknoten. Bedeutet dies, dass wir während einer Finsternis geboren wurden?

Melanie: Nein, nur wenn Sie gleichzeitig auch bei Voll- oder Neumond auf die Welt kamen. Doch wenn Sie die Sonne sehr nahe an den Mondknoten haben, können Sie davon ausgehen, dass Sie während der Finsternisphase geboren wurden. Steht Ihr Mond hinter oder vor Ihrer Sonne?

Teilnehmer: Der Mond steht in der Jungfrau, also muss es nicht lange nach meiner Geburt einen Neumond gegeben haben.

Melanie: Dies wäre dann eine Finsternis gewesen. Es wäre nützlich, den genauen Grad festzustellen, da es vermutlich ein sensitiver Punkt in Ihrem Horoskop ist, der stark auf Transite anspricht. Grob geschätzt, muss es etwa in 23° Steinbock gewesen sein, ungefähr zehn Tage später. Dieser Punkt wäre von der Uranus/Neptun-Konjunktion gekreuzt worden.

Teilnehmer: Das ist auch mein Mars-Grad, und dieser befindet sich im Geburtshoroskop im 10. Haus. Diesbezüglich gibt es eine Verbindung zu meiner Mutter. Ich denke, es muss um die Zeit der Finsternis gewesen sein, dass sie nach meiner Geburt, die abgesehen davon, dass sie lange dauerte, ohne Komplikationen verlief, anfing zu bluten. Meine Mutter wurde eilends ins Krankenhaus gebracht, und ich blieb bei meiner Großmutter. Danach weigerte ich mich anscheinend, gestillt zu werden. Ich habe Jupiter im Widder im 12. Haus, genau im Quadrat zu den Mondknoten. Ich habe dies immer als etwas Unsichtbares verstanden, das mich innerlich getragen hat, denn ich weiß, dass ich dazu neige, mir die Dinge zu erschweren. Ich habe mehrere Planeten im Steinbock am MC und in Konjunktion zum südlichen Mondknoten.

Melanie: Welche Rolle spielt der nördliche Mondknoten im Krebs für Sie?

Teilnehmer: Ich habe immer gedacht, es gehe darum zu lernen, zu mir selbst freundlicher und aufbauender zu sein und mehr auf meine eigenen Bedürfnisse Acht zu geben. Ich habe sie oft geleugnet und versucht das zu tun, was man von mir erwartete. Ich denke, das ist der Steinbock. Ich musste auch oft mit der Eifersucht meines Bruders fertig werden.

Melanie: Bedenken Sie, dass Merkur tatsächlich dieses 3. Haus beherrscht, das auch mit Geschwistern assoziiert wird. Sie wurden unmittelbar vor einer unteren Konjunktion zwischen Sonne und Merkur geboren – mit anderen Worten, bei einem rückläufigen Merkur. Ich nehme an, jene frühe Trennung legte die Saat für einige recht starke Überzeugungen bezüglich Ihres Selbst und des Lebens.

Teilnehmer: Ich denke, ich habe auch meinem Bruder oftmals die Schuld gegeben. Er war immer viel sicherer als ich, und ich fühlte mich von ihm irgendwie verfinstert. Eigenartigerweise pflegte ich selbst immer dieses Wort zu gebrauchen! Er hatte die

Angewohnheit, sich einfach vor mich zu stellen und mich anzuschauen, wenn ich meine Hausaufgaben oder etwas anderes machte, und ich wurde dabei absolut rasend. Er hielt das für ein lustiges Spiel, aber ich habe mich schrecklich aufgeregt. Ich fühlte mich begutachtet und lächerlich gemacht, obwohl er nie viel gesagt hat. Es war schrecklich.

Melanie: Die erste Finsternis in Ihrem Leben korrespondierte mit einem Bruch in Ihrer Beziehung zur Mutter und damit auch zum südlichen Mondknoten im Steinbock; jene sehr saturnischen Erwartungen ans Leben erscheinen Ihnen ganz natürlich. Sie erwarten nicht, dass etwas leicht sein wird, und Sie haben gute, gediegene Qualitäten wie Ausdauer, Disziplin und Beharrlichkeit, auf die Sie sich verlassen können. Doch wenn es darum geht, verletzlich und fühlend auf der Krebs-Seite zu sein, dürften Sie Schwierigkeiten haben, sich Ihren eigenen Bedürfnissen zu öffnen, wenn Ihnen die Situation nicht vertraut ist.

Teilnehmer: Ja. Wir beide, die wir diese Mondknoten haben, stimmen darin überein, dass wir um unsere Gefühle oft viel Wind machen, weil wir mit Zurückweisung rechnen.

Melanie: Wie steht es mit jenen, die den nördlichen Mondknoten im Steinbock haben? Sie sind nicht wenige.

Teilnehmer: Unser gemeinsames Thema scheint das Bedürfnis zu sein, Dinge zu strukturieren. Das ist manchmal sehr schwer, weil wir auch das starke Verlangen haben, in der Behaglichkeitszone zu bleiben, in unserer Schale, ähnlich wie der Krebs. Wir werden auch »krebsig«, wenn uns zuviel Verantwortung aufgeladen wird, was leicht geschieht. Irgendwie geht es darum, das richtige Gleichgewicht zu finden.

Melanie: Wie viele von Ihnen haben Uranus im Zeichen Krebs? Die meisten. Und wie viele haben Uranus in Konjunktion zum südlichen Mondknoten? Wieder fast die meisten. Das kann gewiss krebsbetont sein, denn die Rundum-Perspektive des Uranus ist für die nach innen gerichtete, intime, fühlende Seite des Krebses sehr unangenehm. Uranus im Krebs kann auch sehr hohe Ideale darüber hegen, wie es aussehen und sein sollte, Nähe zu empfinden, und wenn andere dem nicht gerecht werden, kann er sehr krebsig werden. Sie stellen hohe Erwartungen an die Fähigkeit anderer, Sie zu nähren, und sind empört, wenn sie es nicht tun.

Teilnehmer: Mein Partner sagte mir einmal, er dachte, ich befasse mich mit Astrologie und Psychologie nur, um ihm sagen zu können, wie er zu sein hätte! Ich war entsetzt.

Melanie: Ende 1953 und während des größten Teils des Jahres 1954 gab es ein sehr starkes T-Quadrat, bestehend aus dem transitierenden Mondknoten und Chiron im Steinbock und seiner Opposition zu Uranus im Krebs und dem Quadrat beider zu Neptun in der Waage. Wie viele von Ihnen haben diese Konstellation? Zwei Personen. Diese »Seelengruppe« wurde unter dem abnehmenden Quadrat des Uranus/Neptun-Zyklus geboren, der gerade auslief, und scheint intensiv Ausschau zu halten nach neuen Formen der Beziehung mit anderen. Krebs und Waage werden von Mond und Venus beherrscht, und es hat den Anschein, dass diese Gruppe eine zusätzliche Sensitivität für die Interaktion zwischen Menschen hat und verzweifelt bestrebt ist, Dinge anders zu tun, als sie es im Verhalten der übrigen Menschheit wahrnehmen. Der nördliche Mondknoten und Chiron im Steinbock symbolisieren oft ein tiefes Verlangen, etwas in Form zu bringen, was neue Prinzipien und neue Ideale ausdrückt. Gleichwohl scheinen diese Menschen oft gewissermaßen »verdeckt« zu arbeiten in einer Umgebung, die – gemessen am Status quo – sehr konventionell oder respektabel erscheint; dabei spüren sie, dass ihr Idealismus verborgen bleiben muss.

Mit Chiron im Steinbock und in Konjunktion mit dem nördlichen Mondknoten ist oft die Qualität einer Rolle verbunden, in der Sie anderen Menschen Rat, Unterstützung und Förderung geben, wobei jedoch die Fähigkeit, Ihre Aktivität, Zeit und Mittel für sich selbst zu strukturieren, fehlen mag. So ist das Gefühl der persönlichen schöpferischen Erfüllung verknüpft mit Arbeit für die Gemeinschaft, das System, die größere Einheit. Bei der Neptun-Verbindung ist es oft notwendig, unrealistische Erwartungen an andere aufzugeben, und beim nördlichen Mondknoten im Steinbock geht es darum zu lernen, innerhalb von Begrenzung und Einschränkungen auf positive Weise zu arbeiten. Der südliche Mondknoten im Zeichen Krebs hat zum Thema, Dinge nicht zu persönlich zu nehmen! Für einige Angehörige dieser Gruppe ist das T-Quadrat mit den Mondknoten eher ein Thema im Hintergrund, wenn es nicht gerade von einem Transit stimuliert wird. Bei anderen kann es – insbesondere bei einer Beteiligung persönlicher Planeten – ein zentrales Thema sein, mit dem man sehr stark auf größere Angelegenheiten eingestellt ist, die das Kollektiv betreffen.

Teilnehmer: Ich empfinde so etwas wie einen Ruf, aber ich weiß nicht, was es ist.

Melanie: Wie stehen Ihre Mondknoten?

Teilnehmer: Der nördliche Mondknoten steht im Krebs.

Melanie: Mir kommt eine Frage in den Sinn, die in Verbindung steht mit der traditionellen Herrschaft Saturns über den südlichen bzw. Jupiters über den nördlichen Mondknoten. Ist es ein Aufruf, eine Berufung oder ist ein innerer Druck, so etwas wie ein »Sollte« oder »Müsste«, im Hintergrund?

Teilnehmer: Genau das ist das Problem: Ich denke, es ist beides!

Melanie: Das ist ein gutes Zeichen! Doch Spaß beiseite, erinnern Sie sich an den »Balanceakt« als Mondknoten-Thema? Manchmal macht uns Steinbock sehr buchstabengläubig. Steinbock ist das Zeichen für den Aufbau von Strukturen, und er wird von Saturn beherrscht. In seiner Art und Orientierung ist er dicht und materiell. Ich frage mich, ob der südliche Mondknoten im Steinbock eine Tendenz bedeuten könnte, Dinge allzu buchstäblich zu nehmen? Es erinnert an die bekannte biblische Geschichte von Petrus, zu dem Jesus gesagt hatte: »Du bist Petrus, und auf diesen Felsen werde ich meine Kirche bauen.«[27] Petrus meinte, dass er hingehen und buchstäblich eine Kirche aus Fels und Stein bauen solle, doch schließlich erkannte er, dass diese Aussage ein Bild für die »innere Kirche des Felsens« war, die Kirche des Glaubens tief im Herzen. Positiv ist zu sagen, dass der südliche Mondknoten im Steinbock eine realistische Sichtweise hat, die wie ein Sicherheitsnetz ist. Die negative Perspektive ist jedoch, dass er die Dinge manchmal allzu eng sieht und die seelenvolle Differenzierung nicht zulässt, die im Zeichen Krebs so stark sein kann. Können wir etwas von der Löwe/Wassermann-Gruppe hören?

Die Löwe/Wassermann-Achse

Teilnehmer: Einige von uns haben eine Pluto-Konjunktion am Löwe-Ende der Mondknotenachse; bei manchen ist es der nördliche, bei anderen der südliche Mondknoten. Es scheint ein Muster zu geben, nach dem ein großer, in frühen Jahren erlittener Verlust die Gestalt unseres späteren Lebens beeinflusst. Es war interessant, die Transite der Mondknoten zu prüfen. In manchen Fällen trat jener Verlust ein, als man noch im Mutterleib war, bevor man geboren oder gar empfangen wurde, in anderen Fällen geschah er danach. Doch das Alter schien damit zusammenzuhängen, ob der transitierende Mondknoten sich Pluto näherte oder sich von ihm entfernte. Wir alle haben jedoch das Empfinden, in diesem Leben schon mehrere verschiedene Leben gelebt zu haben – es gab einschneidende Schlusspunkte, markante Anfänge und radikale Szenenwechsel.

Melanie: Waren diese selbst gewählt oder erzwungen?

Teilnehmer: Es gab beides. Die Veränderungen im frühen Leben geschahen offenbar ohne das bewusste Wollen der betreffenden Personen, doch dies gilt auch für manche der späteren Ereignisse. Sie hatten das Gefühl, einem Pfad zu folgen, der oft dunkel war, und Ereignissen unterworfen und Einflüssen ausgesetzt zu sein, die außerhalb ihrer Kontrolle lagen.

Melanie: Haben Sie Pluto als Helfer oder Behinderer empfunden?

Teilnehmer: Zuerst hatte es den Anschein, als werde man behindert. Im Nachhinein jedoch kann man manchmal erkennen, dass einem geholfen wurde.

Melanie: Das erinnert mich an jene apokryphe Geschichte von dem Mann im alten China, dessen Sohn ein gutes Pferd erhalten hatte. Alle Leute im Dorf gratulierten dem Vater zum Glück des Sohnes, doch der Mann blieb unbewegt und sagte: »Man weiß nie.« Einige Zeit später hatte der Sohn einen Unfall, als er das Pferd ritt. Er wurde verletzt und konnte seinem Vater nicht auf dem Feld helfen. Alle Menschen im Dorf bedauerten ihn, doch der Mann sagte einfach: »Man weiß nie.« Dann brach eine Fehde aus zwischen den Dörfern, und die Anführer kamen, um Soldaten für den Kampf zu rekrutieren. Weil der Sohn verletzt war, brauchte er nicht in den Kampf zu ziehen, und sein Leben war gerettet. Die Leute im Dorf gratulierten dem Mann wieder zu seinem Glück, doch der sagte einfach: »Man weiß nie.« Die Geschichte geht noch durch mehrere weitere Wendungen scheinbaren Unglücks, das sich als maskierter Segen herausstellte, und in jeder Episode begegnen wir der nüchternen Überlegung des Vaters, eines Mannes, der sich nicht herausnahm, das Schicksal auf die eine oder anderer Weise zu beurteilen und damit offen und unbeteiligt blieb.

Teilnehmer: Die Thematik von Individuum und Gruppe war bei uns allen deutlich vorhanden, freilich auf unterschiedliche Weise. Es gab einen Kampf, um das Gleichgewicht zu erlangen. Wie sollte man teilnehmen, ohne sein Bedürfnis zu unterdrücken, der Star zu sein oder die ganze Zeit über die Macht auszuüben – das war der nördliche Mondknoten im Löwen. Beim nördlichen Mondknoten im Wassermann ging es darum, bewusst auf ein Engagement in einer Gruppe oder für bestimmte Ideale hin zu arbeiten, indem man sich der gemeinsamen Sache widmete oder seine Talente einbrachte.

Melanie: Bald wird Uranus eine Konjunktion zum Wassermann-Ende dieser Mondknotenachse bilden, danach Neptun; es kommen also einige Jahre mit mächtigen Transiten auf Sie zu.

Teilnehmer: Das hat für mich bereits begonnen, da mein nördlicher Mondknoten auf 2°47' Wassermann steht; Uranus hat ihn bereits zweimal gekreuzt. Das ist im 12. Haus, deshalb scheint es mir nicht sehr klar, außer dass ich eine Menge geträumt habe. Mehr Aktion nehme ich am anderen Ende wahr, vielleicht weil sich meine Venus im Löwen befindet und sehr nahe am südlichen Mondknoten steht. Nun, da ich darüber nachdenke, kann ich die Situation sehen. In der Firma gibt es eine Frau, auf die ich sehr eifersüchtig bin, weil sie von einigen Männern im Büro eine Menge Aufmerksamkeit erhält. Ich versuche mir einzureden, dass dies nicht so wichtig sei, es vielmehr auf die gute Zusammenarbeit ankomme, aber es nagt doch an mir.

Melanie: Können Sie die Löwe/Wassermann-Polarität hier sehen? Ideale und das »Soll« stehen im Kontrast zu dem, was Sie fühlen?

Teilnehmer: Es ist interessant. Abgesehen von einem Halbsextil mit Merkur in der Jungfrau hat diese Venus wirklich keine anderen wichtigen Aspekte. Ich habe mich immer darüber gewundert.

Melanie: Welches Haus regiert sie?

Teilnehmer: Das 3. Haus.

Melanie: Im 3. Haus geht es unter anderem um Geschwister. Spiegelt die Situation am Arbeitsplatz auf irgendeine Weise eine frühere Situation mit einem Bruder oder einer Schwester wider?

Teilnehmer: Indirekt, ja. Ich war ein Einzelkind und pflegte, als ich klein war, viel zu phantasieren; ich wünschte mir sehr, einen Bruder oder eine Schwester zu haben. Am meisten wünschte ich mir eine Schwester. Ich habe den Mond in den Zwillingen im 4. Haus in Konjunktion zu Jupiter, und beide bilden wiederum ein Trigon zur Saturn/Neptun-Konjunktion im 8. Haus. Nachdem ich geboren war, hatte meine Mutter zwei oder drei Fehlgeburten, und ich kann mich erinnern, wie sie versuchte, mir zu erklären, was passiert war und warum sie krank war. Ich war damals etwa elf Jahre alt, es muss also wohl ihre letzte Fehlgeburt gewesen sein. Dies hat mich sehr erschüttert. Ich hatte angesichts der Mond/Jupiter-Konjunktion in den Zwillingen immer an die potentiellen Geschwister gedacht, die nicht gekommen sind, und gegrübelt, warum es mir wohl bestimmt war, allein zu sein.

Melanie: Und die Venus-Verbindung?

Teilnehmer: Offenbar fiel es mir schwer, mich anderen Kindern mitzuteilen. Ich nehme an, ich war es einfach nicht gewohnt. Wenn ich wusste, dass ich der Star war, oder die Beste, oder im Mittelpunkt der Aufmerksamkeit stand, dann konnte ich süß, großzügig und reizend sein; wenn dies nicht der Fall war, dann wurde ich reizbar. Doch das habe ich alles erst rückblickend erkannt. Jene Primadonna-Attitüde habe ich in der Zwischenzeit sozusagen irgendwo am Wegesrand verloren. Ich habe die Sonne in der Jungfrau und denke, ich habe mich ordentlich heruntergespielt und wurde selbstkritisch. All dies ist im Lauf des vergangenen Jahres wiedergekommen ...

Melanie: ... als Uranus auf eine Konjunktion mit dem Mondknoten im Wassermann zuging und eine Veränderung der Perspektive herbeiführte, Sie also eine andere Sichtweise annahmen.

Teilnehmer: Ja, genau das ist es, was geschieht. Am wichtigsten aber ist, dass ich mich nicht die ganze Zeit selbst zensieren muss.

Melanie: Dankeschön. Möchte jemand von den anderen in dieser Gruppe gerne etwas sagen?

Teilnehmer: Ich habe Uranus in Konjunktion mit dem einen Ende der Mondknotenachse und Chiron am anderen, doch meine Mondknoten stehen jeweils in den nächsten Zeichen, nämlich in der Jungfrau und in den Fischen. Können Sie darüber etwas sagen?

Melanie: Ja. Zunächst einige allgemeine Bemerkungen über die Chiron/Uranus-Opposition. Dann wird uns das Jungfrau/Fische-Thema zu unserer letzten Gruppe weiterführen. Zwischen 1951 und 1989 gab es etwa 40 exakte Oppositionen von Chiron und Uranus in den verschiedenen Zeichen. Beide waren die meiste Zeit innerhalb des Bereichs einer Opposition, und so bestimmen sie eine recht große »Seelengruppe« oder »Generation«. »Veränderung oder Ruin!« ist eines der Schlagworte, die diese Energie charakterisieren. Im positiven Sinne bezeichnet dieser Aspekt eine Bereitwilligkeit, Veränderung durchzuführen, Risiken zu übernehmen, provokativ zu sein und einen großen Schritt weiter zu gehen im Verständnis und in neuen Weisen des Handelns und Seins.

In negativer Hinsicht kann es in dieser Opposition um Veränderung, Rebellion und sogenannten »Fortschritt« nur um ihrer selbst willen gehen – als kratzte man eine juckende Stelle, ohne an die Folgen zu denken oder weil man sich mitreißen lässt. In der medizinischen Wissenschaft hat es entsetzliche Fehler gegeben, die zuerst als großer »Durchbruch« gefeiert wurden. Verschiedene Medikamente wie zum Beispiel Contergan und andere waren weit davon entfernt, Mittel zur Heilung zu sein, und es zeigte sich, dass sie schreckliches Leid bewirkten. Das ist vielleicht die Chiron-Verbindung – die verletzenden Aspekte des Zwanges zur Veränderung. Andererseits kann es bei Chiron-Uranus um das heilende Potential gehen, das der Vorwärts-Schritt des Bewusstseins mit sich bringt. Menschen, in deren Horoskop diese Opposition dominiert, sind oft aktiv engagiert in Versuchen, auf irgendeine Weise »das System zu verändern« oder die Denkweise über ein bestimmtes Thema positiv zu beeinflussen.

Teilnehmer: Das ist in meinem Falle absolut wahr. Mein nördlicher Mondknoten ist im 10. Haus und Uranus steht im 11. Haus. Pluto bildet nun ein Quadrat zu Uranus-Chiron. Er bildet auch eine Konjunktion mit meinem Mars am Anfang des Zeichens Schütze, und ich bin so wütend über den Zustand der Welt, dass ich manchmal explodiere. Ich weiß einfach nicht, was ich tun soll. Ich fühle leidenschaftlich, aber wenn Leute mich nach meinen Überzeugungen und alledem fragen, dann weiß ich nicht, was ich antworten soll. Ich fühle die Dinge einfach. Ich bin inzwischen so verärgert, dass ich jetzt in Erwägung ziehe, einige Jahre mit freiwilliger Arbeit im Naturschutz, Tierschutz oder Ähnlichem zu verbringen.

Melanie: Durch den Uranus-Transit haben Sie auch eine Konjunktion zu Jupiter, und im Februar 1997 werden Sie gerade Ihre Jupiter-Wiederkehr hinter sich haben, wenn Uranus in etwa 5° Wassermann eine Konjunktion zu Jupiter bilden wird. Vor kurzem kreuzte er Ihren IC, und Neptun wird ihm Anfang nächsten Jahres folgen. So gesehen geht ein zwölfjähriger Jupiter-Zyklus seinem Ende entgegen, und das Ende eines Jupiter-Zyklus geht häufig damit einher, dass man vorübergehend keinen Sinn empfindet, keinen Schwung in Richtung Zukunft und so weiter. Diese Jupiter-Wiederkehr wird sehr interessant sein, weil sie gerade dann eintritt, wenn Uranus ins Zeichen Wassermann kommt. Sie ist das Vorspiel für einige recht machtvolle Transite von Uranus, der Quadrate zu Ihren Planeten im Skorpion bilden wird, beginnend bei Venus, der Herrscherin Ihres Aszendenten.

Einige Turbulenzen und Veränderungen im Bereich der Werte kommen auf Sie zu, was weit reichende Konsequenzen haben könnte, da dies mit Ihrem Aszendenten in Verbindung steht. Es kann aber auch sein, dass Ihr angeborener Idealismus, symbolisiert durch den südlichen Mondknoten im Wassermann, im Hinblick auf Ihre Identität eine deutlichere Rolle spielen wird. Ich meine, Sie gehören vermutlich zu den Menschen, die sich mit dem identifizieren, was sie fühlen. Sie sagten etwas, das wir so verstehen können. Dieser Jupiter ist Ihr einziger Planet in einem Luftzeichen, und dann ist da noch Ihr südlicher Mondknoten, und ich frage mich, ob ein Teil Ihres derzeitigen Kampfes darin besteht, Ihre eigenen Ideale zu formulieren und damit von kollektiven zu unterscheiden? Weil Sie mit starken Gefühlen auf Ideen reagieren, könnten Sie von den Überzeugungen und Perspektiven anderer sehr beeinflusst werden.

Teilnehmer: Ja. Ich habe aus meinem Leben weglaufen wollen, weil es einfach nicht mit meinen eigenen tiefsten Grundsätzen übereinstimmt. Aber das Problem ist, dass ich diese nicht zu erklären und auszudrücken vermag, deshalb weiß ich nicht, wie ich etwas verändern soll!

Melanie: Vielleicht brauchen Sie sie gar nicht zu erklären, sondern sie nur zu fühlen und zu formulieren. Und mit den auf Sie zukommenden Transiten werden Sie es vielleicht herausfinden.

Die Jungfrau/Fische-Achse

Und so kommen wir nun zu der letzten Gruppe. Dieses Material mag auch für Ihre Mondknoten relevant sein; obwohl diese tatsächlich im Löwen bzw. Wassermann stehen, wird das Jungfrau/Fische-Thema davon berührt.

Teilnehmer: Mit einer einzigen Ausnahme arbeiten wir alle in den heilenden Berufen und hatten alle irgendwie das Thema »Kontrolle und Chaos«.

Melanie: Gab es Unterschiede je nachdem, ob der nördliche Mondknoten in der Jungfrau oder in den Fischen ist?

Teilnehmer: Ich denke, dass die Leute mit dem nördlichen Mondknoten in der Jungfrau etwas über den Einsatz ihrer Talente für die Arbeit und auch über das Strukturieren ihres Denkens und Unterscheidens zu lernen haben. Diejenigen mit dem nördlichen Mondknoten in den Fischen haben mehr zu lernen über das Loslassen, Entspannen und Zulassen, dass die Dinge selbst ihren Lauf nehmen.

Melanie: Würden Sie damit übereinstimmen?

Teilnehmer: Ja. Sie hat den südlichen Mondknoten in der Jungfrau und ist ganz gut darin, bestimmt zu sein und Dinge zu definieren!

Teilnehmer: Ich fühle mich manchmal verwirrt bei der Frage, was in einer Situation richtig ist, da komme ich gewissermaßen aus dem Takt. Dann kann ich mich nicht auf die Arbeit konzentrieren und zu Hause nicht entspannen! Meine Mondknoten sind im Hinblick auf die Häuser rückwärts – ich meine, ich habe den nördlichen Mondknoten in den Fischen im

6. Haus, und den südlichen Mondknoten in der Jungfrau im 12. Haus.

Melanie: Wie steht es mit deren Herrschern, Neptun und Merkur?

Teilnehmer: Ich habe Neptun in der Waage im Quadrat zu Merkur im Krebs.

Melanie: Stehen diese beiden Planeten auf irgendeine Weise symbolisch für eine Art von ausgleichender Aktivität, die Sie für sich selbst durchführen können? Die Achse aus den Häusern 6 und 12 steht unter anderem für Dienen und Selbstreinigung. Wie dienen Sie sich selbst und beachten Ihre eigenen spirituellen Bedürfnisse?

Teilnehmer: Das ist eine gute Frage! Ich habe ein Stellium von Mond, Uranus, Sonne und Merkur im Zeichen Krebs im 10. Haus, dazu Saturn am Aszendenten in der Jungfrau! Nachdem ich eine Familie großgezogen habe, machte ich eine Ausbildung zur Therapeutin und fühle mich manchmal als Mutter »ausgebrannt«.

Melanie: Was tun Sie dann?

Teilnehmer: Ich schreibe. Ich nehme an, dies ist das Merkur/Neptun-Element! Ich führe Tagebuch, aber ich schreibe auch inspirierte Texte wie Poesie. Ich liebe es auch, Poesie zu lesen, aber dazu muss ich allein sein. Vielleicht ist das der südliche Mondknoten in der Jungfrau im 12. Haus.

Melanie: Jener Merkur disponiert auch über Ihren Saturn in der Jungfrau, Ihren einzigen Planeten in einem Erdzeichen, und über Mars in den Zwillingen, Ihren einzigen Luft-Planeten, abgesehen von Neptun im Zeichen Waage, der mehr Dunst als Luft ist. Das bedeutet, dass merkurische Aktivitäten sowohl erdend als auch mental stärkend sind. Dies verstärkt interessanterweise die Betonung auf dem südlichen Mondknoten: sich selbst auf eine bewusste und strukturierte Weise zu »ruinieren«. Ihr Saturn könnte gewiss dafür sorgen, dass Sie schwer zu arbeiten haben!

Teilnehmer: Ja, wenn ich plane, wie und wann ich mich selbst aus einer Angelegenheit entlasse, dann funktioniert es. Aber ich kann nicht einfach spontan sein, außer meine Empfindungen beginnen bei meiner Arbeit spontan zu fließen, was mir wichtig ist. Ich ließ mich zur Therapeutin ausbilden, als Pluto jenes Große Trigon mit dem nördlichen Mondknoten und der Sonne vervollständigte.

Melanie: Sie wurden auch auf der dunklen Seite des Mondes geboren. Beim Zeichen Krebs denke ich oft an das Tier mit dem Bedürfnis, sich während dieser Zeit in seiner Schale sicher zu fühlen, um zu grübeln, zu reflektieren und zuzulassen, dass die Gezeiten der Seele und des Seins nach innen fließen, um jenes kostbare Empfinden des inneren Verbunden- und Versorgtseins wiederherzustellen. Ich denke, für einen vielfachen Krebs mit so starker Betonung des 10. Hauses ist das sehr wichtig, denn Ihre Energie ist in der Fürsorge für andere so sehr nach außen gerichtet. Zu »krebsbetont« zu werden, kann die Folge sein, wenn Sie damit aus dem Gleichgewicht geraten! Es gibt ein wunderbares Buch mit dem Titel *Finding Our Way Through the Dark* von Demetra George[28], welches zu lesen für Sie eine Freude sein könnte, da es sehr einfühlsam die Thematik der »dunklen Seite des Mondes« behandelt.

Finsternisse

Wie Sie wissen, hat die Aufzeichnung von Finsternissen eine sehr lange Geschichte; Finsternisse waren eines der ersten Mittel der Vorhersage bei den Astrologen in der Antike, die sich dabei auf den sogenannten Saros-Zyklus stützten – eine weitere Spur, der wir nur kurz nachgehen werden.

Der Saros-Zyklus

Die Lektüre zu diesem Thema ist *The Eagle and the Lark* von Bernadette Brady[29] mit einem brillanten Abschnitt über Finsternisse sowie mit Daten und einer Fülle detaillierter Interpretationen des Saros-Zyklus. Kurz zusammengefasst beschreibt der Saros-Zyklus »Familien« von Finsternissen. Wenn Sie bei der Deutung von Finsternissen Wert auf Feinabstimmung legen, müssen Sie diesen Zyklus berücksichtigen, obwohl Sie für eine Routine-Betrachtung von Finsternissen in der Beratungssituation auch ohne ihn auskommen können. Der Saros-Zyklus beschreibt die Wiederkehr einer Finsternis an demselben Tierkreisgrad im Hinblick auf ihre Sichtbarkeit. Ein Zyklus beginnt, wenn eine partielle Finsternis am Nord- oder Südpol sichtbar wird. Sie bahnt sich dann ihren Weg weiter in Richtung Süden oder Norden, bis sie den Äquator erreicht; aus astrologischer Sicht ist die Finsternis dann sehr nahe beim Mondknoten. Die Finsternis kann im extremsten Fall in einem Abstand von 18° zu den Mondknoten eintreten.

Die Linie der Sichtbarkeit einer Finsternis auf der Oberfläche der Erde windet sich von einem Pol zum anderen und ähnelt der Schlange oder dem Drachen; Kopf und Schwanz liegen am Nord- und Südpol. Ich war fasziniert vom Eindruck dieses Bildes. Nun ist es aber so, dass die beiden Finsternisse eines Jahres nicht unbedingt zu demselben Saros-Zyklus gehören, und die Sichtbarkeit einer Finsternis kehrt nicht sofort im gleichen Gebiet der Erde wieder. Auch gibt es viele Saros-Zyklen, die gleichzeitig ablaufen. Ein Saros-Zyklus umfasst 1280 Jahre, und seine Qualität wird von der astrologischen Qualität der ersten Finsternis im Zyklus bestimmt, das heißt von derjenigen, die einem der Pole am nächsten ist. Lassen Sie uns jetzt die verschiedenen Arten von Finsternissen betrachten.

Mondfinsternisse

Es gibt grundsätzlich drei Arten von Finsternissen. Die erste, die Mondfinsternis, kennen Sie bestimmt alle. Sie kann nur bei Vollmond eintreten, das heißt, wenn sich Mond und Sonne auf den entgegengesetzten Seiten der Erde befinden und der Schatten der Erde auf den Mond fällt und ihn verfinstert, sei es teilweise (partiell) oder ganz (total). Während wir nun das Thema Finsternisse erarbeiten, achten Sie einmal darauf, was passiert, wenn Sie dabei folgende Assoziationen im Hinterkopf behalten: Sonne ist Zukunft, Mond ist Vergangenheit, Erde ist Gegenwart. Im Falle der Mondfinsternis wird also die Vergangen-

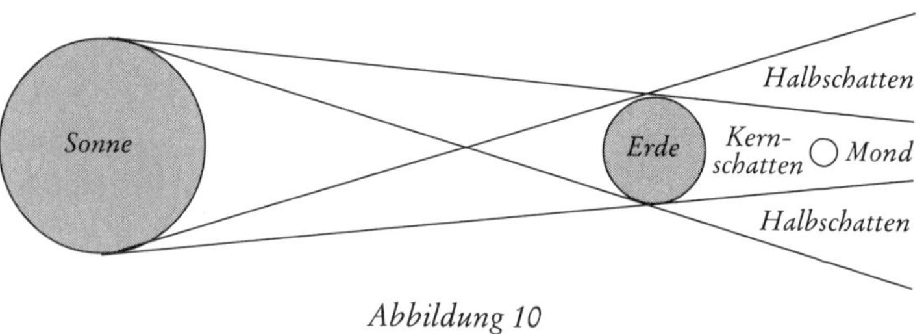

Abbildung 10

heit (Mond) vorübergehend durch die Gegenwart (Erde) ausgelöscht.

Die ringförmige Sonnenfinsternis

Die ringförmige Sonnenfinsternis ist eine der zwei möglichen Arten der Sonnenfinsternis. Beide können nur bei Neumond eintreten, das heißt, wenn die Sonne und der Mond auf der gleichen Seite der Erde stehen. Der Unterschied zwischen beiden besteht einfach darin, dass eine ringförmige Finsternis dann vorliegt, wenn der Mond recht weit von der Erde entfernt ist. Alles, was Sie sich merken müssen, ist, dass eine ringförmige Finsternis niemals total sein kann, sondern als partielle Finsternis auftritt.

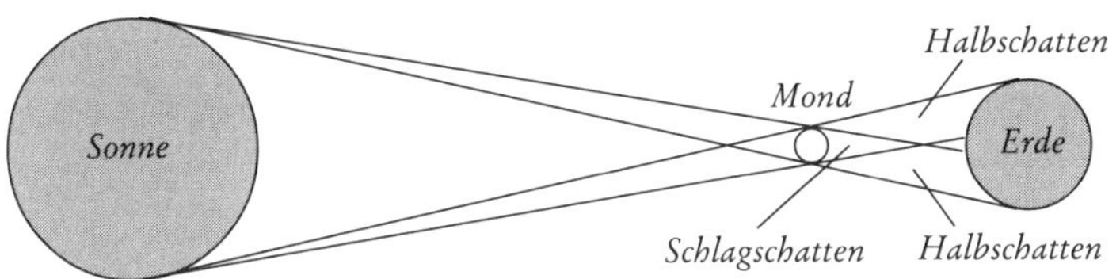

Abbildung 11

Die totale Sonnenfinsternis

Eine totale Sonnenfinsternis tritt ein, wenn der Mond näher bei der Erde steht und es somit ein kleines Gebiet des sogenannten Schlagschattens gibt, in dem der Schatten des Mondes direkt auf die Erde fällt. Dies bedeutet, dass überall in dieser mittleren Zone eine totale Sonnenfinsternis sichtbar ist, die jedoch irgendwo im Bereich des sogenannten Halbschattens, der nicht so dicht ist, als partiell erscheint. Deshalb kann eine partielle Sonnenfinsternis eintreten, wenn der Mond erdnah oder erdfern ist; eine totale Sonnenfinsternis kann aber nur dann eintre-

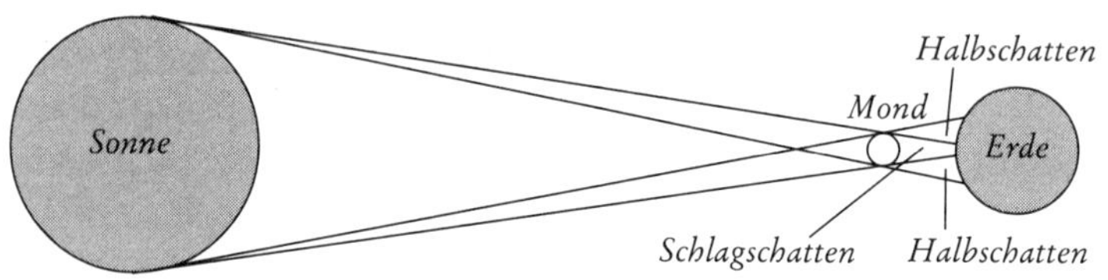

Abbildung 12

ten, wenn der Mond relativ nah bei der Erde ist. Es ist faszinierend, wie der Umfang des Mondes genau die Sonne abdeckt. Wäre der Mond weiter entfernt, könnte dies nicht geschehen, da die Sonne seinen Umfang überstrahlen würde. Wir sehen wohl ihre Korona, das sind die Flammen, die von der Sonnenoberfläche emporschießen, doch die Sonnenscheibe wird genau vom Mond abgedeckt.

Deutung der Finsternis

Kehren wir zur Interpretation und zu unserer Analogie von Vergangenheit, Gegenwart und Zukunft zurück, dann wird bei einer Mondfinsternis die Vergangenheit (Mond) vorübergehend von der Gegenwart (Erde) ausgelöscht. Bei einer ringförmigen oder einer totalen Sonnenfinsternis wird die Zukunft (Sonne) vorübergehend von der Vergangenheit (Mond) ausgelöscht, was in der Gegenwart wahrgenommen wird, da wir uns auf der Erde befinden. Ich hoffe, diese Assoziationen werden Ihnen zunehmend helfen, die Phase einer Finsternis zu nutzen und aufzuklären, was Sie rund um die Finsternisse erleben.

Finsternisse haben im kollektiven Unbewussten einen vorwiegend Unheil verheißenden Ruf. Selbst Menschen, die die Astrologie nicht billigen, wissen aus der Geschichte, dass bei Finsternissen schlimme Dinge passiert sein sollen. Wohl in jeder Finsternisperiode kommen zu uns Astrologen Klienten, die wegen des bevorstehenden Ereignisses besorgt sind oder deren Leben entsprechende Themen widerspiegeln, selbst wenn sie sich dessen nicht bewusst sind. Die bloße Erwähnung des Wortes Finsternis löst beim Klienten gewöhnlich eine ängstliche Reaktion aus, und so ist es wichtig, sich zu bemühen, jene negativen Gedankenformen zu zerstreuen. Das ist oft zu erreichen, indem man ein tieferes Verständnis des psychologischen Prozesses vermittelt, der mit einer Finsternis verbunden ist, und indem man erläutert, wie man mit ihm umgehen kann.

Wenn Sie den Finsternisgrad als Transite zum Geburtshoroskop betrachten, dann halten Sie Ihren Orbis eng – höchstens 5° für Sonne und Mond und 4° für die anderen Punkte –, und arbeiten Sie zuerst nur mit Konjunktionen und Oppositionen. Quadrate mögen ebenfalls wichtig sein, falls sie auch Halbsummenstrukturen aktivieren, doch bleiben Sie insgesamt hauptsächlich bei Konjunktionen und Oppositionen. Denken Sie daran: Weil die Finsternisperiode jedes Jahr 18,618 Tage früher beginnt und weil es in jedem Jahr zwei davon gibt, können Sie eine Reihe von Finsternissen erhalten, die einen Planeten im Geburtshoroskop kontaktieren. Selbst wenn es keine präzisen Aspekte sind, wird die gleiche Achse des Horoskops jedes Jahr zweimal aktiviert.

Unser Bild von Vergangenheit, Gegenwart und Zukunft kann nützlich sein. Beginnen wir mit der Sonnenfinsternis, so ist die Verfinsterung Ihrer eigenen Zukunft durch die Vergangenheit nur dann »unheilvoll«, wenn Sie keine Möglichkeit haben, mit den Themen zu arbeiten, die Ihnen präsentiert werden. Tatsächlich markiert eine Sonnenfinsternis oft ein Ende – etwas hört auf, kommt zum Stillstand –, und es könnte genau das zu Ende sein oder gehen, was schon sehr lange Zeit stecken geblieben war. Erst am Ende eines Satzes kommt schließlich der Punkt.

»Anpassung oder Ruin« ist ebenfalls ein Schlagwort für die Sonnenfinsternis. Jedes Ende setzt Energie für einen Neubeginn frei, falls Sie sich anpassen können; doch es ist wahr, dass die Endzeit-Stimmung rund um die Finsternis oftmals dominant ist. Wenn Sie dies zu ignorieren versuchen, kommen die Drachen zum Vorschein: Erinnern Sie sich an das Zitat über den inneren Prozess der Finsternis von Laleh Bakhtiar, das ich Ihnen vorgelesen habe?

Eine Finsternis hebt einen Bereich im Horoskop hervor. Etwas wird unter das Mikroskop gelegt, und was Sie sehen, mag recht düster erscheinen, wie in einem dunklen Scheinwerfer, bis Sie tief in den Gegenstand Ihrer Betrachtung eindringen. Die Finsternisphase ist eine sehr verheißungsvolle Zeit für innere Arbeit auf psychischer und spiritueller Ebene. Doch wenn jemand gerade erst eine Verfinsterung seiner Sonne erlebt hat, dürfte es verfrüht sein, über zukünftiges Potential zu sprechen. Es ist oft sinnvoller, bei der Dunkelheit und dem Gefühl zu bleiben, verfinstert zu werden sowie mit der Vergangenheit zu arbeiten, die in das Dunkel hineinstürzen kann. Diese Elemente müssen gewürdigt und beachtet werden, wenn man den Weg hindurch zu einem neuen Anfang gehen will.

Oft manifestiert eine Sonnenfinsternis Ereignisse, Herausforderungen oder Situationen in der Außenwelt – so wie die Sonne die Lichtquelle ist, die uns in die geschäftige Welt des Tageslichts versetzt. Etwas geht zu Ende, und das kann natürlich auch Gefühle aus der Vergangenheit auslösen, oder nach einer inneren Reise des Grübelns und Nachdenkens verlangen, um damit klarzukommen; aber der Auslöser liegt häufig im Äußeren. Die materielle Sonne wird verfinstert, doch das könnte eine Gelegenheit bedeuten, das nackte Sein zu erleben, entblößt von Rollen und Identifikationen.

Im Gegensatz hierzu kündet eine Mondfinsternis oft von etwas, das direkt auf der emotionellen Ebene aufwühlt und sich dann in Ereignissen oder zwischenmenschlichen Erlebnissen niederschlägt. Natürlich kommen Finsternisse immer paarweise. Wenn wir an den Mond denken als den Ort, an dem unsere Abhängigkeitsthemen wohnen, wo wir Verhaftungen und Gewohnheiten hegen und wo wir emotionell am meisten identifiziert und ausstaffiert sind, dann wird dies alles bei einer Mondfinsternis durch den Schatten der Erde vorübergehend zum Stillstand gebracht. Die Vergangenheit wird durch die Gegenwart verfinstert, da der Schatten der Erde den Mond verdeckt. Wenn wir das negative Image der Mondfinsternis mit allen Erwartungen von Katastrophen hinter uns lassen, das uns über Jahrhunderte hinweg überliefert wurde, können wir vielleicht ein neues Bild formulieren: die Mondfinsternis als ein Fenster in der Zeit, in der wir in der Gegenwart auf der Erde stehen und die Vergangenheit verfinstert wird. Der materielle Mond wird verdunkelt, aber wir haben eine Chance, das lunare Bewusstsein oder die Seelenqualität zu erleben, die prophetischer und poetischer Natur sind. Und wenn wir hinter die dunkle Vision zu schauen vermögen, können wir mit jenen Augen hin und wieder die verborgene Saat unserer eigenen Zukunft sehen.

Ich möchte Sie alle einladen, es auszuprobieren. Wenn das nächste Mal ein Vollmond verfinstert wird, dann verbringen Sie bewusst einige Zeit mit ihm. Dies ist eine sehr starke Zeit, um sich auf den Kosmos einzustimmen, besonders, wenn es Ihr Bedürfnis oder Wunsch ist, sich mit Themen wie Ende, Trennung, Zustandsveränderung oder Lebensstufen zu beschäftigen. Wenn der Mond sich verfinstert, ist eine sehr gute Zeit für die meditative Arbeit, für Rituale und Zeremonien, die auf irgendeine Weise Ihre Ankunft in der Gegenwart – das heißt auf der Erde – markieren und die nicht sichtbare Zukunft wertschätzen, sprich die Sonne, deren reflektiertes Licht verstellt wird.

Denken Sie daran: Während der Nacht ist die Sonne »unter« der Erde, wie eine leuchtende Saat auf dem Grunde des Seins. In dieser Dunkelheit liegt die unbekannte Zukunft. Das Zeitmaß ist recht präzise; da der Mond sich rasch bewegt, wird eine partielle Mondfinsternis nur kurze Zeit dauern. Doch die generelle Stimmung einer Finsternis hält einige Tage an.

Teilnehmer: Und wenn eine Finsternis nicht sichtbar ist?

Melanie: Das Erlebnis ist am klarsten, wenn die Finsternis sichtbar ist, aber selbst im anderen Falle wird es Ihnen – allgemein während der Finsternisperiode und insbesondere um die

Zeit einer sichtbaren Mond- oder Sonnenfinsternis – möglich sein, auf eine heilende und nützliche Weise Zutritt zu Ihrer Innenwelt zu erlangen, wenn Sie dies wünschen.

Teilnehmer: Sie sagten, dass Finsternisse paarweise auftreten. Trifft das immer zu?

Melanie: Eigentlich nicht. Es kann in jedem Jahr zwischen einer und vier Sonnen- und/oder Mondfinsternissen geben; zwei von jeder Art ist etwa der Durchschnitt. Es gibt keine Mondfinsternis ohne eine begleitende Sonnenfinsternis, doch Sie können eine Sonnenfinsternis erleben, ohne dass eine Mondfinsternis dazukommt.

Teilnehmer: Wie berechnet man eine Finsternisphase?

Melanie: Es gibt jedes Jahr zwei Finsternisphasen, wenn die Sonne nacheinander in Konjunktionen zum nördlichen und dann zum südlichen Mondknoten tritt; naturgemäß liegen sie etwa sechs Monate auseinander. Wenn Sie Ihre Ephemeriden aufschlagen um festzustellen, wann dies etwa geschieht, dann zählen Sie von dem jeweiligen Datum ausgehend 18 Tage zurück und 18 Tage voraus, und schon haben Sie die Zeit der Finsternisphase ermittelt. Sie ist, mit anderen Worten, der Zeitraum, in dem die Sonnen- und/oder Mondfinsternisse eintreten können. Es gibt jedes Jahr zwei Monate, die wir uns als die Bahnen der Finsternisse vorstellen können, eine Achse quer über den Tierkreis und damit auch über Ihr Horoskop, die sich langsam rückwärts bewegt.

So wird jedes Jahr während dieser beiden Zeitabschnitte ein Häuser- und Zeichenpaar hervorgehoben. Es spielt keine Rolle, ob die Finsternis zu irgendwelchen Punkten in Ihrem Horoskop Aspekte bildet oder nicht; Sie können diese Zeit auf jeden Fall produktiv auf den inneren Ebenen nutzen. Wenn Sie auf diese Perioden achten, werden Sie viele Dinge bemerken, die den Menschen passieren – Emotionen und Aktionen überstürzen sich, Situationen gehen zu Ende, und sogar Krisen können eintreten. Während der Finsternisphase zahlt es sich aus, sich auf den Kosmos einzustellen und sich vorzubereiten im Hin-

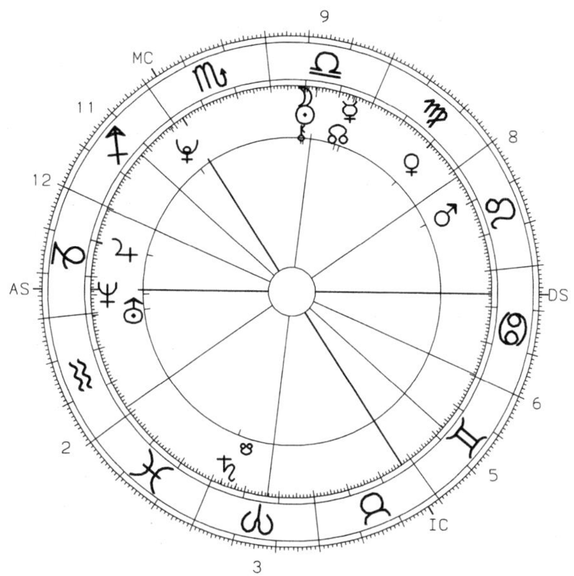

Abbildung 13: Sonnenfinsternis 12. Oktober 1996, 16.14 Uhr WEST, London

blick auf die Art der Aktivitäten, die Sie planen. Nehmen und nutzen Sie diese Zeit als eine Gelegenheit für die innere Arbeit, und Sie werden sie als wohltuend erleben. Vergeuden Sie diese Zeit jedoch und verlieren sich selbst in Zerstreuungen, könnten Sie Drachen anlocken! Hier ist das Horoskop der jüngsten Sonnenfinsternis, in dem Sie sehen können, wo und wie sie Ihr Horoskop angeregt haben könnte. Diese Sonnenfinsternis war in 19°31' Waage und in Konjunktion mit Chiron auf 20°11' Waage.

Teilnehmer: Der Finsternisgrad steht auf der Position meiner Sonne; ich habe mich wirklich gestärkt gefühlt.

Melanie: Das ist ein Beispiel dafür, wie positiv solche Zeiten tatsächlich sein können.

Teilnehmer: In meinem Leben ist etwas zu Ende gegangen, und ich spüre sehr stark, was ich tun und wer ich sein will.

Melanie: Bei einer Finsternis auf der Sonne werden oft die Themen des Schicksals und der Bestimmung präsentiert. Angesichts eines bevorstehenden Aufhörens wird eine wichtige Entscheidung angeboten. Helles Licht fällt auf etwas.

Vor kurzem hatte ich eine Klientin, die die Saturn/Neptun-Konjunktion in der Waage in ihrem 1. Haus hat und deren Neptun auf 20° Waage steht. Dies ist keine einfache Konjunktion, und im 1. Haus herrscht oft eine Unsicherheit in Bezug auf Grenzen und Identität, dazu ein gerüttelt Maß an unbestimmter Angst. Bei ihr hatte sich das vor Jahren – als Uranus und Neptun ein Quadrat dazu bildeten – derart zugespitzt, dass sie London verließ, wo sie zeit ihres Lebens gewohnt hatte, und in eine sehr abgelegene Gegend zog, buchstäblich dorthin, wo Fuchs und Hase sich gute Nacht sagen. Lassen Sie mich hier über die Dispositorenkette ergänzen. Neptun und Saturn in der Waage werden beherrscht von Venus, die in der Jungfrau im 12. Haus steht, regiert von Merkur im Löwen, ebenfalls im 12. Haus, und auch die Sonne ist im Löwen, ebenfalls im 12. Haus, zusammen mit dem südlichen Mondknoten. Setzen wir die alten Herrscher ein, disponiert diese Sonne im 12. Haus über beide Enden der Mondknotenachse.

Sie nahm bereitwillig ein Programm aus Rückzug, Isolation und Zeit für die innere, spirituelle Arbeit auf sich. Genau am Tage der vorausgegangenen Mondfinsternis, die tatsächlich eine Konjunktion zu ihrem Aszendenten bildete, lag die Entscheidung in der Luft, vielleicht zurück nach London zu ziehen, doch das wollte sie nicht wirklich tun, und so schloss sie sich einer Therapiegruppe an, um gezielt mit dem Dilemma zu arbeiten, das an die Oberfläche gekommen war. Doch in der Gruppe formte sich ein »Grenzerlebnis«, das sie zwang, ihr eigenes Revier, ihre Rechte und so weiter auf eine Weise zu behaupten, die einen größeren Durchbruch für sie herbeiführte. Bis zur Sonnenfinsternis – etwa zwei Wochen später – war ihr klar, dass sie keine Einsiedlerin mehr sein wollte, sondern bereit war, sich der Welt wieder anzuschließen. Dies ist ein erstaunli-

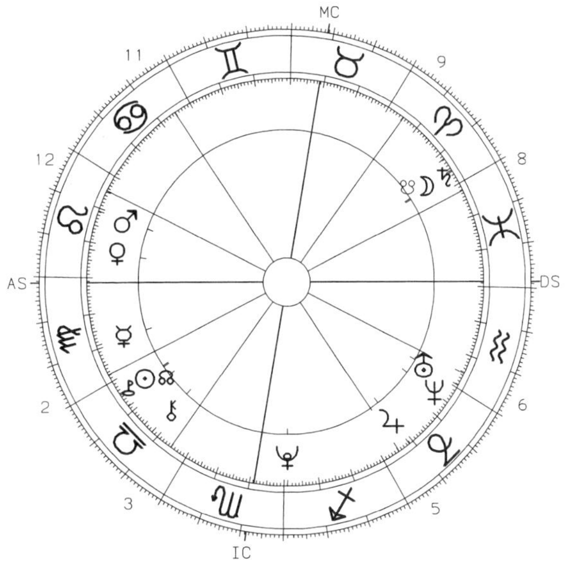

Abbildung 14: Mondfinsternis 27. September 1996, 03.51 Uhr WEST, London

cher Ausdruck einer Finsternis auf Neptun, und das Thema des Zu-Ende-Gehens, das durch einige sehr unangenehme Dinge aufkam, die in jener Gruppe geschehen sind, ist ebenfalls sehr neptunisch.

Die Klientin wurde selbst sehr nah an einer Finsternis geboren. Beachten Sie, wie ihre Mondknoten-Themen in den Ereignissen um die beiden letzten Finsternisse zum Ausdruck kamen: das Thema »Grenzen« (ein Thema des 12. Hauses) in einer Gruppe (nördlicher Mondknoten im Wassermann) und sich selbst als Einsiedlerin zu erkennen (Sonne in Konjunktion mit südlichem Mondknoten im 12. Haus).

Teilnehmer: Bedeutet, nahe an einer Finsternis geboren zu sein, dass man für die Energien der Finsternisperiode jedes Jahr empfänglicher ist?

Melanie: Das weiß ich nicht, aber es ist vorstellbar.

Teilnehmer: Das ist, als wäre eine Saat gelegt worden, während der Mond die Sonne verfinsterte.

Melanie: Ja, ich habe das Gefühl, dass die Sonnenfinsternis die Saat legt, wenn etwas empfangen wird. Schließlich scheint die Sonne auf der dunklen Seite des Mondes, die wir nicht sehen können, so dass nichts von ihrem Licht zu uns reflektiert werden kann; die dunkle Seite des Mondes aber wird beschienen. Vielleicht ist die Mondfinsternis wie das Ausbringen einer Saat, oder die Einnistung des Embryos, da der Schatten der Erde das reflektierte Licht verdeckt.

Teilnehmer: Was ist, wenn sie in der falschen Reihenfolge eintreten?

Melanie: Da wir von Prozessen sprechen, die mit dem seelischen Wachstum zu tun haben, denke ich nicht, dass es eine »falsche Reihenfolge« gibt, die die Gültigkeit unseres Bildes beeinträchtigt. Auf der körperlichen Ebene können Sie sich nicht einnisten, bevor Sie empfangen worden sind, aber auf der Reise der Seele können Sie gewiss gezwungen werden, etwas zu tun – eine Aktion zu machen, eine Verbindung zu knüpfen –, bevor Sie eine klare Vorstellung davon haben, worum es geht. Achten Sie auf das Wortspiel hier: Wir »empfangen«, wenn wir schwanger werden, und wir sprechen auch davon, eine Idee zu »empfangen« oder »mit einem Gedanken schwanger zu gehen«. Doch es ist interessant darüber nachzudenken, dass Sonne und Mond zwei Himmelskörper sind, die, wie wir ganz bestimmt wissen, unser Leben auf der Erde tatsächlich physisch beeinflussen. Vielleicht sind die physikalischen und energetischen Auswirkungen der Verfinsterung des einen durch den anderen beispielsweise von größerer unmittelbarer Signifikanz für unsere Biochemie, als wir bislang wissen.

Lassen Sie uns nun das letzte Paar etwas eingehender betrachten. Die Mondfinsternis war am Anfang des Zeichens Widder, in Konjunktion zu Saturn, und die Sonne in der Waage befand sich in Konjunktion zu Pholus[30], einem der neuen Kentaurenplaneten; somit war die ganze Finsternis durch die Symbolik von Saturn und Pholus gefärbt. Sie ging auch einer Sonnenfinsternis voraus, und ich bemerkte bei jener Aufeinanderfolge, dass dieser Prozess des Klärens der Vergangenheit epische Dimensionen annahm. Die zentrale mythologische Assoziation bei Pholus ist das Öffnen des geheiligten Weinfasses, woraufhin Chaos hervorbricht.[31] Während dieser Finsternisperiode war Merkur beteiligt, und so wurde vieles ins Licht der Öffentlichkeit transportiert. Ich hörte immer wieder Geschichten über Menschen, die das Undenkbare ausgesprochen haben, die schließlich die Katze aus dem Sack gelassen haben, die jemanden betrogen haben oder, ohne es zu merken, selbst betrogen wurden, die zum ersten Mal die Wahrheit gesagt haben, und dies in manchen Fällen mit explosiven Konsequenzen. Es lag in der Luft, »etwas auszusprechen« und dadurch mit einem gewohnten Muster zu brechen, aber diese besondere Zeit brachte auch die ungeahnten Konsequenzen, die dadurch ausgelöst wurden, dass etwas gesagt worden war.

Die Mondfinsternis schien den Weg freizumachen für das, was bei der Sonnenfinsternis geschah, die im Zeichen Waage Dinge und Gegebenheiten einschloss, die mit Beziehungen zu tun haben, mit Idealen und Prinzipien von Ethik, Fairness, Gerechtigkeit sowie auch das Verständnis früherer Beziehungen (Waage ist ein Luftzeichen) betreffen. Dies war ein durchgehendes Thema, das Klienten fast zu jeder Beratung mitbrachten, die ich während jener zwei Wochen gab.

Diese Finsternisperiode war für eine ganze Generation von Menschen mit Neptun im Zeichen Waage von Bedeutung. Etwa drei Viertel von ihnen haben eine oder beide Finsternisse in der Konjunktion zu ihrem Neptun erlebt. Ich erzählte Ihnen bereits die Geschichte von der Frau mit Neptun im 1. Haus, der von der Sonnenfinsternis direkt getroffen wurde; doch dieses spezielle Paar von Finsternissen muss eine kollektive Bedeutung für die ganze (Neptun-)Generation gehabt haben. Hier ging es um das Ende von Illusionen, über das Auffliegen von Täuschungen und über Grenzangelegenheiten, die nach Aufmerksamkeit verlangten. Ich möchte jeden von Ihnen einladen, dessen Neptun im Zeichen Waage steht, an jene Zeit zurückzudenken und zu reflektieren, was sie Ihnen gebracht hat.

Ich dachte gerade noch an einen anderen praktischen Punkt. Die Frage, wie lange die Wirkung einer Finsternis anhält, wird kontrovers beantwortet; meine Untersuchung verschiedenster Texte ergab, dass es da alle möglichen Regeln zu geben scheint, die recht willkürlich und theoretisch anmuten, obwohl ich selbst nicht sagen kann, dass ich sie einer empirischen Prüfung unterzogen habe.

So gibt es zum Beispiel eine Tradition, die offenbar bis zu Ptolemäus zurückreicht und besagt, dass die Wirkung einer Finsternis so viele Jahre nachklingt, wie die Finsternis selbst in Minuten dauert. Soweit mir bekannt ist, hat es jedoch noch keine Untersuchung darüber gegeben, deshalb muss sie der Kategorie der unbewiesenen »empfangenen Weisheit« zugeordnet werden. Eine weitere »Regel« besagt, dass die Wirkung einer Finsternis so lange anhält, bis der nächste Saturn-Transit über den Finsternisgrad hinwegzieht. Wenn das stimmt, können sich Finsternis-Wirkungen bis zu 29 Jahre akkumulieren! Doch fangen Sie damit an, was Sie wollen. Im Geiste von Pluto in Schütze und von Uranus im Wassermann muss ich sagen, dass ich diese Ideen bestenfalls kaum hilfreich finde und schlimmstenfalls als ein Rezept, um sich mit den eigenen, angstvollen Erwartungen eine negative Wirklichkeit zu erschaffen.

Teilnehmer: Zur Zeit des Ptolemäus war man mit einiger Wahrscheinlichkeit gestorben, bis der Saturn nach dreißig Jahren endlich wiederkehrte!

Melanie: Wunderbar! Vielleicht haben Sie damit schon erfasst, was jene Regel meinte: einmal eine Finsternis, immer eine Finsternis! Doch selbst wenn wir nur über ein rudimentäres Wissen der psychologischen Prozesse verfügen, kann eine Finsternis eine gute Gelegenheit für die innere Arbeit sein. Um diese auszuführen, müssen Sie bereit und willens sein, ins Dunkel zu steigen und zu lernen, im Dunkeln zu sehen. Andernfalls könnte sich alles einfach außerhalb von Ihnen abspielen, in der Außenwelt, und Sie sind nicht daran beteiligt, haben keine Beziehung dazu, weshalb alles sehr beängstigend wirkt. In einem partizipatorischen Rahmen (bei Ihrer inneren Beteiligung) ist es nicht ganz das Gleiche. Das Geschehen mag zwar immer noch unangenehm und schmerzlich sein, aber Sie haben einige Mittel, symbolisch damit zu arbeiten. Ich denke, diese Art von Arbeit kann Ihnen auch feststellen helfen, wo die Grenzen sind. Wenn Sie wissen, an was Sie teilhaben, sind Sie besser im Stande, kreativ zu handeln, anstatt bloß zu reagieren.

Teilnehmer: Ich habe vor einigen Jahren tatsächlich eine Mondfinsternis auf meinem Radix-Mond gehabt, was recht dramatisch war. Ich würde sogar sagen, es war fast wie ein Schalter, der umgelegt wurde. Es war nicht so sehr das, was an jenem Tage geschah, doch dieser war der Beginn eines vollkommen neuen Prozesses.

Melanie: Finsternisse demonstrieren die Ursymbolik der Mondknoten, die Beziehung zwischen Sonne, Mond und Erde. Sie zeigen eine sehr interessante Zeit an, um die Verbindung mit diesen inneren Polaritäten aufzunehmen. Mondknoten-Faktoren kommen in der Wirklichkeit zum Vorschein, sie ereignen sich im Leben, sie wollen sich manifestieren. Sie manifestieren sich sogar greifbar, ob es uns gefällt oder nicht. Zur Einstimmung auf die Energien sind die Finsternis-Zeiten wertvoll, denn während der beiden Finsternisphasen des Jahres ist es so, als öffne sich wirklich etwas, aus dem Sie sehr viel lernen können.

Über Jahre hinweg versuchte ich immer wach zu sein, um Mondfinsternisse zu beobachten. Bei der letzten war ich sehr müde, kam ohne meine Ephemeriden spät nach Hause und ging mit dem Gedanken zu Bett: »Na ja, dann habe ich diese jetzt versäumt.« Dann wachte ich mitten in der Nacht auf und sah, dass die Finsternis gerade eintrat. Es kam mir vor, als ob etwas in mir sich auf sie einstimmte und sagte: »Ob du müde bist oder nicht – jetzt musst du aufstehen und das Ereignis sehen.« Ich beobachtete die Finsternis stundenlang. Was ich sah, glich einem Ring aus Licht, und am oberen Rand saß ein feuriger Brillant. Es war wirklich erstaunlich. Sie erinnern sich: Finsternisse sind Zeiten, in denen sich Energie machtvoll bewegt, und manchmal erreichen Zyklen ihren Wendepunkt. Es ist eindrucksvoll und ehrfurchtgebietend, so bewusst an diesem Geschehen teilzunehmen.

Teilnehmer: Mir ist gerade eingefallen, dass die große Sonnenfinsternis 1999 im Zeichen Löwe stattfindet und damit in vielen Horoskopen Pluto auslösen wird.

Melanie: Ja, und es lohnt sich wirklich, ihren Weg zu betrachten. Sie beginnt etwa östlich von New York, zieht dann über den Atlantik, genau über Südengland, über Mitteleuropa, den Nahen Osten und hört über der Ostküste Indiens auf.

Teilnehmer: Bedeutet sie das Ende der westlichen Zivilisation, wie wir sie kennen?

Melanie: Es ist nicht nur die westliche Zivilisation, die in Schwierigkeiten ist! Ich weiß nicht, was die Finsternis in dieser Hinsicht bringen wird. Doch ihr Horoskop selbst ist ebenfalls sehr interessant, es enthält ein Großes Kreuz in den fixen Zeichen. Uranus im Wassermann bildet eine Opposition zu Sonne, Mond und nördlichem Mondknoten sowie Quadrate zu Mars im Skorpion und Saturn im Stier. Jeder von Ihnen, der Planeten in der Mitte der fixen Zeichen hat, achte auf diese Zeit!

Finsternisse vor der Geburt

Teilnehmer: Was ist vom vorgeburtlichen Finsternispunkt zu halten?

Melanie: Ja, den wollte ich ebenfalls erwähnen. Weil unser Aufenthalt im Mutterleib etwa 40 Wochen dauert und alle sechs Monate eine Finsternisphase ist, erlebt jeder von uns mindestens eine Finsternisphase vor der Geburt. Das ist ein sehr nützlicher sensitiver Punkt im Horoskop, welcher definitiv stark auf Transite anspricht, besonders dann, wenn er später von einer

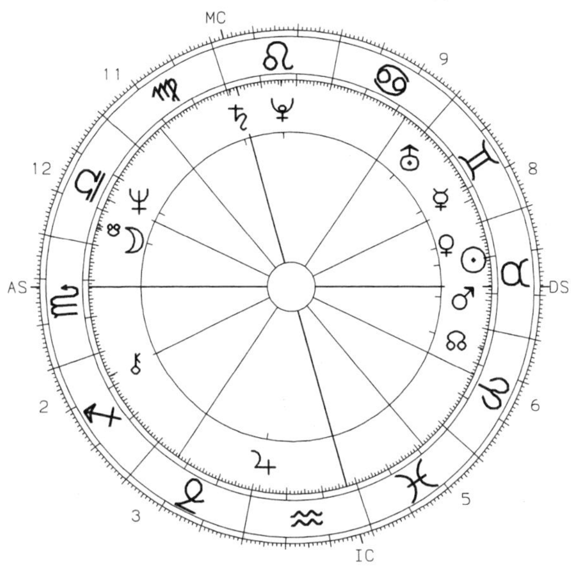

Abbildung 15: Beispielhoroskop für den vorgeburtlichen Finsternispunkt; 10. Mai 1949, 19.45 Uhr WEST, London

Mond- oder Sonnenfinsternis kontaktiert wird. Dieser Punkt scheint eine Qualität zu bergen, die uns irgendwie zu dem »Davor«, den Ursprüngen zurückführt, zu dem Gespür für das, was wir in dieses Leben mitgebracht haben oder was wir freisetzen oder lösen müssen. Transite zu diesem Finsternispunkt können sehr wichtige Zeiten markieren, in denen vorgeburtliches Material freigesetzt wird oder in denen wir in eine neue Lebensphase katapultiert werden. Dies zu wissen, kann nützlich sein, weil sich diese Kategorie von Material, da vollkommen nonverbal und sehr physisch begründet, wahrscheinlich in Ereignissen, Symptomen und anderen Signalen niederschlagen wird, die wohl einiger Interpretationsarbeit bedürfen, damit wir verstehen, welche Gefühle hier zum Ausdruck kommen. Unser emotionelles Erleben im Mutterleib ist fast vollständig mit dem unserer Mutter verschmolzen, und wenn der vorgeburtliche Finsternispunkt stimuliert wird, kann das eine wichtige Zeit des Trennens und Klärens anzeigen.

Ich habe hier ein dramatisches Beispiel. Der vorgeburtliche Finsternispunkt in diesem Horoskop ist in 9° Stier im 6. Haus, gleich neben dem Deszendenten. Im Laufe des Lebens dieser Frau hat es bis heute zwei weitere Sonnenfinsternisse nahe bei diesem Punkt gegeben.

Bei der ersten Sonnenfinsternis befand sie sich mit ihrem Mann auf einer Auslandsreise, und es war nicht möglich, für den Rückflug zwei Plätze in derselben Maschine zu bekommen. Im Lauf der Reise waren bereits verschiedene Ereignisse eingetreten, die der Frau das Gefühl vermittelten, dass ihre Ehe vorüber war; obwohl sie niedergeschlagen war und dies bedauerte, hatte sie sich nicht wirklich bewusst damit konfrontiert. Als das Flugzeug abhob, nahm sie wahr, dass die untergehende Sonne sich verfinsterte, und sie wurde erfüllt von dunklen Vorahnungen. Die Reise wurde zum Auftanken des Flugzeugs unterbrochen und somit eine Zwischenlandung mit Übernachtung notwendig. Als die Frau an jenem Abend auf einem Markt in der Stadt spazieren ging, wurde sie aus dem Fenster eines wartenden Taxis heraus von einem Mann angegriffen und beraubt, indem er ihr die Tasche von der Schulter riss. Da sie aus Vorsicht den Tragriemen der Tasche um den Arm gewunden hatte, wurde sie von dem rasch davonfahrenden Taxi mitgerissen und eine beträchtliche Strecke auf der schmutzigen Straße mitgeschleift, bevor sie sich befreien konnte. Es ist kaum zu glauben, doch der Flug, den sie gebucht hatte, verlief genau unter dem Weg der Sonnenfinsternis, und die Finsternis selbst geschah in Konjunktion zu ihrem vorgeburtlichen Finsternispunkt, nahe am Deszendenten im 6. Haus. Fast zwanzig Jahre später berührte eine weitere Finsternis diesen Punkt, und sie erinnerte sich an jenes Erlebnis in allen Einzelheiten.

Sie sagte, dass der Schock sie damals in ein Akzeptieren des Verlustes ihrer Ehe katapultiert habe: »Es war, als hatte ich die Wahl zu leben oder zu sterben. Ich hätte unter die Räder des

Autos geraten können. Ich erinnere mich, wie ich mein Gesicht in der Radkappe gespiegelt sah, wie von weit her, und mir klar wurde, dass ich mich entscheiden musste. Ich war außerhalb meines Körpers und musste irgendwie wieder in ihn zurückgelangen. Das nächste, woran ich mich erinnern kann, war, dass ich mit den Füßen auf der Straße stand, reichlich blutend und mit zerfetzter Kleidung. Mein Geld, mein Reisepass und alles andere war fort, aber ich war am Leben und bei Bewusstsein.«

Der vorgeburtliche Zusammenhang wurde in der späteren Erinnerung offenbar, als die Frau in ihren Träumen gezeigt bekam, wie ihre Mutter zur Zeit der Finsternis in der Schwangerschaft Angst hatte, dass ihre Ehe zerbrechen würde und tiefe Trauer darüber empfand. Innerlich verzweifelte sie sehr, sprach aber mit keinem darüber und ließ sich nie etwas anmerken. Vor dem Hintergrund dieser Information könnte man das Erlebnis der Tochter auf ihrer Reise auch als eine Entladung der emotionellen Not ihrer Mutter betrachten, die die Präsenz des Kindes in ihrer Gebärmutter mit Trauer und Verlust in der Ehe assoziierte.

Imaginationsübung

Nun kommen wir zum letzten Teil. Bitte legen Sie einen anderen Gang ein und bereiten Sie sich auf die geführte Imagination vor.[32] Ich möchte Sie jetzt einladen, damit zu beginnen, Ihre Aufmerksamkeit nach innen zu wenden. Dazu machen Sie es sich auf Ihrem Stuhl so bequem, wie Sie können. Setzen Sie beide Füße flach auf den Boden, schlagen Sie die Beine nicht übereinander und verschränken Sie nicht die Arme. Wenn Sie die Hände ineinander legen wollen, ist das in Ordnung. Geben Sie Ihrem Körper einen ordentlichen Raum auf dem Stuhl, so dass die Energie in ihm möglichst frei zirkulieren kann.

Während Sie dies tun, werden Sie sich nun Ihrer Atmung bewusst. Sie brauchen nichts zu verändern. Lassen Sie Ihre Aufmerksamkeit in der Beobachtung Ihres Atmens ruhen. Lassen Sie zu, dass Sie sich immer entspannter und gesetzter fühlen, und folgen Sie Ihrem Atem. Lassen Sie zu, dass sich Ihre Atmung vertieft, dass sie gleichmäßiger und ruhiger wird.

Ich möchte, dass Sie sich jetzt vorstellen, einen geraden Weg entlangzugehen. Nehmen Sie von der Umgebung Notiz, und lassen Sie das Bild für sich ganz klar werden. Es ist ein gerader Weg von irgendwoher nach irgendwohin. Den Anfang und das Ende dieses Weges können Sie nicht sehen; Sie sind unterwegs, Sie sind auf dem Weg, auf der Reise. Auf Ihrem Weg gelangen Sie bald zu einem Rastplatz. Vielleicht gibt es da eine Bank oder einen Stein oder eine Lichtung am Wegesrand – irgendetwas, auf dem Sie sich niederlassen und eine Pause verbringen können. Gehen Sie zu diesem Rastplatz. In Ihrer Vorstellung erlauben Sie nun, dass Sie sich dort niederlassen.

Von diesem Punkt am Wegesrand überblicken Sie Ihren geraden Weg. Sie blicken nach links, und Sie blicken nach rechts. Obwohl Sie das Ende des Pfades oder den Anfang des Pfades nicht sehen können, ist das in Ordnung so. Lassen Sie sich einfach in seiner Mitte ruhig nieder.

Bald darauf beginnen Sie, Ihre Aufmerksamkeit auf den Anfang des Weges zu richten, auf den Teil des Weges, den Sie nicht sehen können. Sie lassen zu, dass vor Ihrem inneren Auge ein Bild entsteht von diesem Teil Ihres Weges, von Ihrem nicht sichtbaren Anfang. Lassen Sie dieses Bild deutlicher werden und achten Sie darauf, ob da irgendeine Art von Kommunikation stattfinden soll zwischen Ihnen und Ihrem Anfang, Ihrem Erbe, dem, was Sie mitbringen und dem, wo Sie sind. Nehmen Sie einfach an, was auch immer jetzt kommen mag. Lassen Sie diesen Vorgang in Ihrer Vorstellung ganz konzentriert und klar sein. Vielleicht möchten Sie sogar erkunden, was vor diesem Bild gewesen war, oder was noch früher gewesen war, oder wie lange dieses Bild da schon gewesen ist. Ist es etwas, das Sie erkennen? Ist es Ihnen vertraut? Was bringt es Ihnen?

Nun beenden Sie Ihren Dialog mit diesem Bild und richten Sie Ihre Aufmerksamkeit auf das andere Ende Ihrer Linie, Ihres Ganges, Ihres Weges, und besinnen Sie sich darauf, wohin Sie gehen. Konzentrieren Sie sich auf das Ziel, auf die Bestimmung, auf das »Wohin?« Ihrer Reise. Lassen Sie einfach zu, dass vor Ihnen ein Bild von jenem unsichtbaren Ort entsteht, auf den Sie zugehen. Erkunden Sie dieses Bild. Achten Sie darauf, wie Sie auf das Bild ansprechen. Ist es Ihnen vertraut? Was geschieht, wenn Sie die Aufmerksamkeit darauf richten? Achten Sie darauf, wie Sie sich fühlen, während Sie die Verbindung und den Austausch mit diesem Ende Ihres Weges herstellen. Fühlt es sich anders an?

Bringen Sie allmählich Ihre Empfindungen über das Ende Ihres Weges zum Abschluß. Kehren Sie mit Ihrer Aufmerksamkeit zurück und lassen Sie sich noch einmal an Ihrem Ruheplatz am Wegesrand nieder. Stellen Sie nun fest, ob Sie beide Enden Ihres Weges im Bewusstsein umfassen können, Ihren Anfang und Ihre Bestimmung. Was geschieht, wenn Sie diese beiden Bilder, diese beiden Enden gleichzeitig betrachten? Haben Sie ein Empfinden von dem, was zu geschehen hat? Ist es möglich, dass das eine Bild gerne mit dem anderen in Kontakt sein möchte? Achten Sie darauf, was geschieht, wenn Sie beide Bilder wirklich gleichzeitig aufnehmen. Verändern sie sich oder nicht? Geschieht etwas anderes? Beobachten Sie einfach, was jetzt geschieht. (Lange Pause).

Wenn Sie sich jetzt wieder auf diesen Ort der Rast am Rande Ihres Weges besinnen, lassen Sie die Bilder allmählich los und nehmen Sie einfach wahr, was sich soweit ereignet hat. Lassen Sie zu, dass es sich sehr deutlich in Ihre Erinnerung einprägt und danken Sie Ihrem inneren Prozess, dass er sich Ihnen geöffnet hat. Nachdem Sie sich nun wieder auf Ihrem Rastplatz neben dem Wege eingefunden haben, bereiten Sie sich vor, in die Gegenwart und in diesen Saal zurückzukehren. Tun Sie dies, indem Sie sich Ihres Atmens bewusst werden und den Stuhl unter sich fühlen, der Sie trägt. Beginnen Sie, Ihre Wahrnehmung wieder zu öffnen für die Geräusche in diesem Raume und bringen Sie alles mit, was Sie brauchen, um sich Ihr Erlebnis ganz und deutlich in Erinnerung zu rufen.

Wenn Sie soweit sind, kehren Sie allmählich in den Raum zurück und notieren Sie alles, was nötig ist, um das Erlebte zu verankern.

Anhang 1

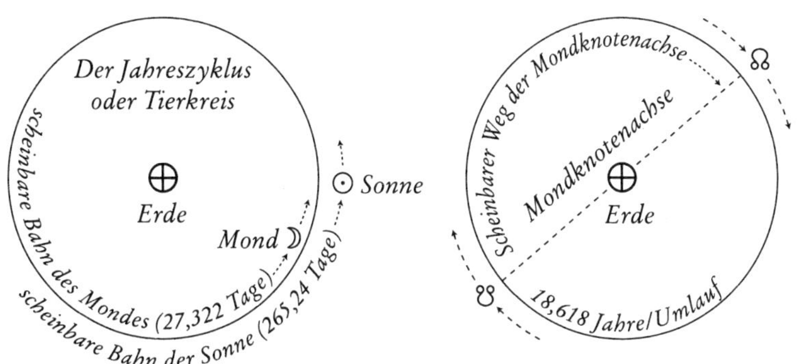

Damit eine Finsternis eintritt, müssen sich Sonne, Mond und Mondknotenachse treffen (Sonnenfinsternis), oder Sonne und Mond müssen sich auf gegenüberliegenden Seiten der Erde an den Enden der Mondknotenachse befinden (Mondfinsternis). Bei einer totalen Sonnenfinsternis darf die Sonne nur wenige Grad von der Mondknotenachse entfernt sein; partielle Finsternisse können bis zu 17° von der Mondknotenachse entfernt eintreten.

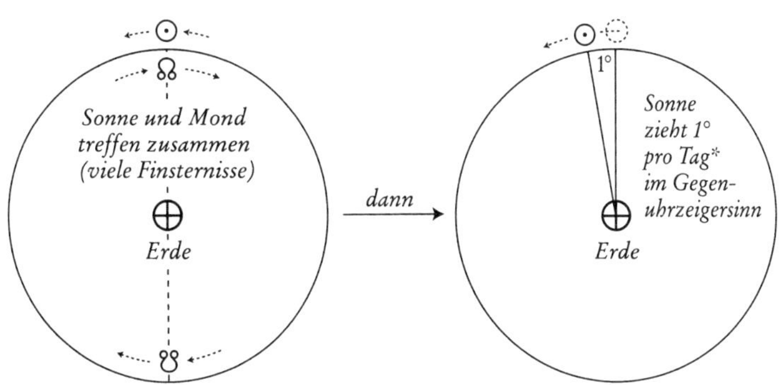

* *d.h. »Grad-Tag«:* $1° x \frac{360}{365{,}242}$

Abbildung 16

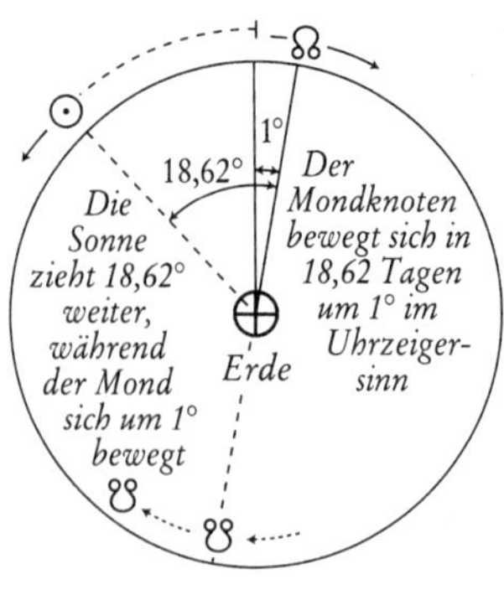

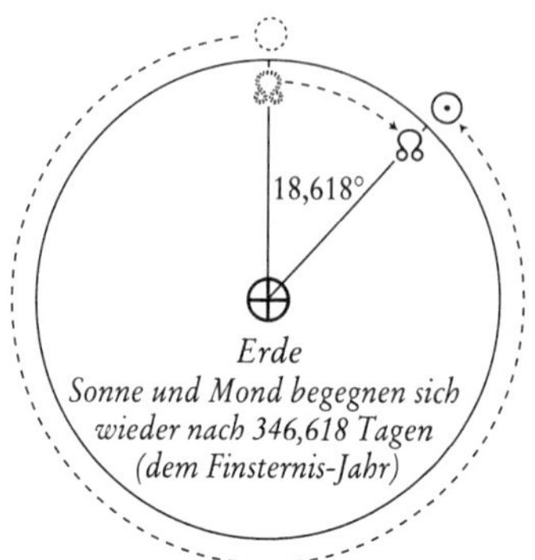

drakonitische Umlaufzeit = 18,618 Jahre
Finsternis-Jahr = 346,618 Tage
das entspricht wiederum: 365,242 – 18,618 Tage,
das ist auch: 18,618 x 18,618 oder 18,618² Tage!!
und 365,242 + 18,618 = 383,89 = 13 synodische Mondumläufe!

Damit wird das Sonnenjahr durch das Wirken des Mondknotens
in zwei Faktoren geteilt:
364,242 = 18,618 x 19,618 (19,618 – 18,618 = EINS).

Und wir sehen, wie wichtig die Mondknoten für den Kalender sind,
da sie das Sonnenjahr mit dem Mondmonat
und dem Tag verbinden.
Schließlich ist 1 : 1,618 der Goldene Schnitt.

4 x 18,618³ = Präzessionsjahr

Abbildung 17

Anhang 2

Astronomische Daten von Sonne, Mond und Erde

Umlaufzeit des Mondknotens	18,618 Jahre
Ein Mondknoten-›Tag‹ (MT)	18,618 Tage
Finsternis-Jahr (FJ)	346,618 Tage = 18,618 Tage x 18,618
Mond-Jahr	354,367 Tage = 18,618 Tage x 19
Sonnen-Jahr (SJ)	365,242 Tage = 18,618 Tage x 19,618
13 Mondmonate	383,897 Tage = 19,618 Tage x 19,618
Saros-Zyklus	6585,78 Tage = 18,618 Tage x 18,618 x 19
Drakonitisches Jahr (DJ)	6800 Tage = 18,618 Tage x 18,618 x 19,618
Meton-Zyklus	6939,39 Tage = 18,618 Tage x 19,618 x 19
Präzession (in Tagen)	= 4 x MT x FJ x SJ
Präzession (in Jahren)	= 4 x18,618 x 18,618 x 18,618

Anhang 3

Checkliste

1. Die transitierende Mondknotenachse

Stellen Sie eine Tabelle aller Konjunktionen und Oppositionen zusammen, die von der rückläufigen Bewegung der Mondknoten um Ihr Horoskop herbeigeführt werden.

a) Erinnern Sie sich an bedeutsame Ereignisse an jenen Punkten.
b) Studieren Sie die Sequenz als eine Metapher Ihrer eigenen »Reise des Helden«. Welche Muster kommen dabei zum Vorschein? (Zum Beispiel: Welcher Art sind die Anfangs- und End-Transite, und wie verbindet sich dies mit Ihrem Lebens-Prozess?)
c) Schreiben Sie ein Märchen (»Es war einmal...«), das den Prozess beschreibt.

2. Wichtige Transite zu den Mondknoten

Listen Sie Konjunktionen, Quadrate und Oppositionen zum nördlichen Mondknoten auf.

a) Erinnern Sie sich an bedeutsame Ereignisse an jenen Punkten.
b) Gibt es ein Muster? (Zum Beispiel: Erhalten Sie größere Transite von äußeren Planeten vorwiegend an dem einen Ende oder in der Mitte?)

3. *Der Balanceakt*

3.1. Listen Sie alle wichtigen Transite der äußeren Planeten und Progressionen auf, die ein Quadrat zur Mondknotenachse bilden.

a) Was ist geschehen?
b) Was haben Sie gelernt?
c) Wie kann Ihnen dies dabei helfen, sich künftig bewusst an dem Prozess zu beteiligen, Gegensätze auszugleichen?

3.2. Was liegt sonst noch an diesen Balance-Punkten?

a) Fixsterne
b) Sabische Symbole
c) Halbsummen-Strukturen

3.3. Notieren Sie die Monate in der Zukunft, in denen sich schnellere Planeten an den Balance-Punkten einfinden werden.

a) Transite von Mars und Jupiter
b) Zeiten, in denen Sonne, Mond, Merkur und Venus dort zusammenkommen könnten
c) Wie können Sie diese Information für Ihre eigene Integration nutzen, und ein neues Gleichgewicht in sich selbst entdecken?

4. *Weitere Erforschung*

a) Wie unterstützt der südliche Mondknoten Ihren Vorwärtsschwung im Leben?
b) Was muss der nördliche Mondknoten loslassen, um sich unterstützt zu fühlen?
c) Welche Schwierigkeitsmuster stellen Sie im Bereich des nördlichen Mondknotens fest?
d) Welche Belohnungen/Erfolge haben Sie am nördlichen Mondknoten gehabt? Wovon träumen Sie? Was ist Ihre …?
e) Was fällt Ihnen leicht? Wie verbergen Sie sich?
f) Was suchen Sie aufzulösen/loszulassen?
g) Welche Ausreden gebrauchen Sie, um nicht vorwärts zu gehen?

Über die Verfasserin

Melanie Reinhart wurde in Zimbabwe geboren. Sie studierte Englisch, Musik und Drama (B.A.) und ist seit 1975 professionelle Astrologin. Sie ist Inhaberin eines Diploms mit Auszeichnung der Faculty of Astrological Studies und hat Ausbildungen in verschiedenen humanistischen Therapien.

Melanie Reinhart lebt in London und unterrichtet am Centre for Psychological Astrology und an der Faculty of Astrological Studies. Darüber hinaus hat sie an zahlreichen Tagungsorten in Großbritannien, Europa, Afrika, Australien und Neuseeland gearbeitet, astrologische Seminare abgehalten und Vorträge gegeben. Sie ist Autorin zahlreicher Zeitschriftenartikel sowie der Bücher *Chiron and the Healing Journey* (London 1989, dt: Chiron – Heiler und Botschafter des Kosmos) und *To the Edge and Beyond: Saturn, Chiron, Pholus and the Centaurs* (London 1996). Sie hat Beiträge in den Anthologien *Modern South Africa in Search of a Soul* (Boston 1990) und *Wilderness and the Human Spirit* (Durban 1997) veröffentlicht.

Anmerkungen

1 Dieses Seminar wurde am 24. November 1996 im Regents College, London, im Rahmen des Herbsttrimesters des Centre for Psychological Astrology gegeben. Die Niederschrift wurde durch Material aus einem ähnlichen Seminar ergänzt, das am 7. Dezember 1996 im Studio Hartmann in Zürich gegeben wurde.

2 Fiona Griffiths, der leitenden Tutorin an der Faculty of Astrological Studies, danke ich für ein erfreuliches Gespräch über die Mondknoten und Robin Heath, dem Herausgeber des *Astrological Journal*, für seine astronomischen Illustrationen und Beiträge.

3 Robin Heath danke ich für die hilfreiche Information zu dieser Frage!

4 Dieses Material stammt von Robin Heath, und falls sich jemand dafür ganz besonders interessiert, achte er auf sein nächstes Buch. Robin Heath, *Skyhenge: Alignment of Cosmos and Culture*, Blue Dragon Press, Maes yr Awel, Cwm Dewel, St. Dogmaels, Cardigan, Dyfed SA43 3JF. Von ihm stammen auch die Zeichnungen im Anhang 1.

5 Eine umfassende Behandlung dieses Themas finden Sie in: Erin Sullivan, *Retrograde Planets: Traversing the Inner Landscape*, London, Arkana (Penguin) 1992 – dt. Ausgabe: *Rückläufige Planeten: Aufbruch in die innere Landschaft*, Astrodata, Zürich 1993.

6 Dieses Thema wird eingehender behandelt: Melanie Reinhart, *To the Edge and Beyond*, CPA Press London 1996, pp. 125-135.

7 Dane Rudhyar, *New Mansions for New Men*, Servire, Den Haag 1971, p. 103ff.

8 Pamela Crane, *Draconic Astrology*, Shoestring Publishing, Faversham, UK 1994, pp. 35-36, zitiert Cyril Fagan, Zodiacs Old and New.

9 ebd., p. 50.

10 George Wither, *A Collection of Emblems, Ancient and Modern*, London 1635, p. 102. Die Vorlage des Bildes ist ein Stich von Crispin de Pass & Sohn, zuerst wiedergegeben in Gabriel Rollenhagens *Nucleaus emblematic selectissimorum ...*, Arnheim & Utrecht 1611-13.

11 Robert K. G. Temple, *The Sirius Mystery*, Futura Publications, London 1976.

12 Laleh Bakhtiar, *Sufi: Expressions of the Mystic Quest*, Thames and Hudson, London 1976, p. 45.

13 Dane Rudhyar, *Astrologie der Persönlichkeit*, München, Hugendubel 1979.

14 Ich danke Geraldine Hallett für dieses Bild.

15 Antero Alli, *Astrologik*, Vigilantero Press, Seattle 1990, p. 200-204.

16 Deutsche Ausgabe: *Die astrologischen Zeichen. Der Rhythmus des Zodiak*, München, Hugendubel 1983.

17 Deutsche Ausgabe: *Astrologie der Persönlichkeit*, München, Hugendubel 1979.

18 *Sun is also a star*, New York, Dutton 1975. Neuauflage unter dem Titel: *The Galactic Dimension of Astrology*, New York, Aurora Press, 1990.

19 Jim Lewis u. Kenneth Irving, *The Psychology of Astro*Carto*-Graphy,* London, Arkana (Penguin) 1997.

20 Dane Rudhyar, *Astrologischer Tierkreis und Bewusstsein*, München, Hugendubel 1993.

21 ebd., S. 80.

22 ebd., S. 133.

23 ebd., S. 238.

24 Pamela Crane, *Draconic Astrology* a.a.O.

25 Bruno und Louise Huber, *Mondknoten-Astrologie. Innerer Kompaß der Evolution*, Adliswil, Verlag Astrologisch-Psychologisches Institut 1991.

26 Donna van Toen, *The Astrologer's Node Book*, York Beach, Samuel Weiser, Inc. 1981, p. 36.

27 Mt 16,18.

28 Demetra George, *Finding Our Way Through the Dark*, San Diego, ACS Publications 1994.

29 Bernadette Brady, *The Eagle and the Lark*, York Beach, Samuel Weiser, Inc., 1992.

30 Von Heeren / Dieter Koch, *Pholus: Wandler zwischen Saturn und Neptun.* Mössingen, Chiron Verlag 1996.

31 Melanie Reinhart, *To the Edge and Beyond*, London, CPA Press 1996, p. 125-134 (ausführlichere Darstellung dieses mythischen Bildes).

32 Um diese Übung nachzuvollziehen, wird dem Leser empfohlen, die Anweisungen entweder erst auf Band aufzunehmen und dann diesem zu folgen, oder die Hilfe eines Freundes in Anspruch zu nehmen, der ihn durch die Übung führt.

Standardwerke der Astrologie

MELANIE REINHART

Die Hauptachsen im Horoskop

Verankerung der Existenz
150 Seiten, 5 Abbildungen, Broschur

ISBN 3-925100-67-9

Die Hauptachsen teilen das Horoskop in vier gleiche Teile. Aszendent, MC, Deszendent und IC befinden sich an deren Spitze. An den Hauptachsen und den davon abgeleiteten Häusern erkennen Sie, wo Ihr existentielles Potential liegt. Sie zeigen Ihnen, wie Sie in der Welt verankert sind und verdeutlichen Ihnen die Grundmuster, aus denen Ihre Lebensgeschichte besteht. Die Hauptachsen konfrontieren Sie mit den eigentlichen Fragen der Existenz: Wer bin ich? Wer bist Du? Woher komme ich? Wohin gehe ich?
Die Autorin nimmt den Leser mit auf eine Reise um die Eckpunkte des Tierkreises. Sie beschreibt die Bedeutung der zugehörigen Elemente und Qualitäten. Besonders wichtig sind dabei die Transite der äußeren Planeten, da diese mit dem Anfang oder Ende ganzer Lebensabschnitte korrespondieren.

»Noch mehr sind es die Deutungsbilder der Autorin, die man in dieser Gehaltfülle so noch nicht gelesen hat. Melanie Reinhart nimmt den Leser mit auf eine Reise um die Eckpunkte des Tierkreises, auf der sie die Bedeutung der zugehörigen Elemente und Qualitäten einfühlsam und nachvollziehbar beschreibt. Kurzum: Der Autorin gelingt es, die Hauptachsen persönlich erfahrbar werden zu lassen – und zwar durch die Konfrontation mit den eigentlichen Fragen des Seins.«

MerCur – Trends aus Astrologie, Psychologie und Gesundheit

Standardwerke der Astrologie

LYNN BELL, DARBY COSTELLO, LIZ GREENE UND MELANIE REINHART

Mars im Horoskop

414 Seiten, gebunden, 32 Abbildungen

ISBN 3-89997-115-9

Mars, benannt nach dem antiken Kriegsgott, wird meistens mit Aggression und Gewalt in Verbindung gebracht. In der mittelalterlichen Astrologie galt er sogar als Unglücksbringer. Aber ohne die Energie und Antriebskraft des Mars wären wir passive Opfer, weil wir unfähig wären, uns zu verteidigen oder zu unseren Überzeugungen zu stehen. Ob wir Mars im individuellen Horoskop oder als eine dynamische Energie in der Gesellschaft ansehen, immer ist es wichtig, sich mit dieser archetypischen Kraft auf positive Weise in Beziehung zu setzen. Die vier Autorinnen zeigen Mars von seiner besten und seiner schlechtesten Seite und beleuchten alle Facetten dieses schillernden Planeten. Auf diese Weise erfahren Sie, wie wichtig es ist, dass Sie sich nicht vor seiner Kraft fürchten, und wie Sie mit den Marsqualitäten bewusst und kreativ umgehen können.

»In der Astrologie gibt es eine Tradition, die Mars gerne zum Übeltäter abstempelt. Bis heute gab es jedoch noch kein Buch, das sich ausschließlich mit Mars befasste und dabei seine hintergründige psychologische Dynamik so intensiv untersuchte.«

The Horoscope

Standardwerke der Astrologie

HOWARD SASPORTAS

Die Mondknotenachse

Der Schlüssel zum Horoskop
128 Seiten, Broschur, 2 Abbildungen

ISBN 3-9252100-80-6

Die Mondknoten werden aus der Bewegung von Sonne, Mond und Erde abgeleitet. Sie zeigen die Spannung zwischen Vergangenem und neuen Qualitäten oder Entscheidungen. Zwischen instinktivem Handeln, das sehr früh in unserem Leben geformt wurde, und vernünftigem Handeln. Die Spannung, die die Mondknotenachse beschreibt, hilft uns den Willen zu entwickeln. Wir müssen diese Achse integrieren und die Mondknoten in eine harmonische Beziehung zueinander bringen. Dann werden sie der Schlüssel zum Leben.
Sasportas gibt Deutungen für die Mondknotenachse in Zeichen und Häusern. Er gibt Beschreibungen zu den Winkelverbindungen, zu den Transite und beim Partnerschaftsvergleich.

Sasportas grenzt sich deutlich von allzu spekulativen Mondknotendeutungen ab und vermittelt den Lesern eine lebenspraktische, psychologische Perspektive der Knotenachse. Es ist sympathisch, dass Sasportas weder den absteigenden Mondknoten abwertet, noch den aufsteigenden glorifiziert, sondern beide als gleichwertige Pole eines gemeinsamen, verbindenden Themas sieht. *Meridian 3-2003*

Standardwerke der Astrologie

BRIGITTE HAMANN

Ihr Lebensziel

Die IC/MC-Achse und der Lebenssinn im Horoskop
288 Seiten, Broschur, 7 Abbildungen

ISBN 3-925100-73-3

Das Lebensziel wird im Horoskop meist an der Stellung des Medium Coeli (MC) abgelesen. Die Vorstellung, dass wir uns von einem Ausgangspunkt, dem Imum Coeli (IC), auf dieses Lebensziel zu bewegen und dass das MC somit das Ergebnis und die Erfüllung dieses Zieles darstellt, ist jedoch unzureichend. Aufgrund intensiver Studien kam die Autorin zu einem bahnbrechenden Ansatz: Das Lebensziel liegt im Ausgleich der Gegensätze, in der Mitte zwischen beiden Polen. Das IC enthält unser schöpferisches Potential. Am MC finden Sie die ergänzenden Eigenschaften, Verhaltensweisen und Themen die Sie benötigen, um dieses Potential in seiner besten Form verwirklichen zu können. Außerdem gibt es einen Fluchtpunkt. Dieser beschreibt wichtige Vermeidungsstrategien, die wir anwenden, um unseren Lernthemen auszuweichen.
Die Autorin beschreibt die spirituellen, psychologischen und astrologischen Deutungsgrundlagen der beiden Gegenpole. Dabei kommen dem IC und dem 4. Haus eine tragende Rolle zu, denn dort ist das, »was unsere Welt im Innersten zusammenhält.« Die zwölf Lebensziele sind in einer anschaulichen und eingängigen Sprache beschrieben.

Da dieses Buch nicht nur Konstellationen beschreibt, sondern auch eine Fülle an Anregungen zur Umsetzung gewonnener Erkenntnisse in das Tägliche Leben enthält, ist es nicht nur für fortgeschrittene Astrologen eine bereichernde Lektüre, sondern auch gerade für Astrologie-Einsteiger. *Meridian*

Standardwerke der Astrologie

LIANELLA LIVALDI LAUN

Lilith im Transit

Der Schwarze Mond im Alltag
152 Seiten, Broschur

ISBN 3-925100-51-2

Lilith trägt trotz ihrer Düsterheit zugleich auch ein höchst kreatives Potential in sich. Dies tritt besonders durch die Transite zum Vorschein, vor allem wenn langsame Planeten beteiligt sind. Der Schwarze Mond aktiviert dabei wichtige Lebensprozesse, die uns mit der Befreiung von unechten Verhaltensweisen konfrontieren. Die Autorin erforscht seit vielen Jahren das astrologische Prinzip Lilith und ist die Wegbereiterin für deren Betrachtung im deutschsprachigen Raum. Mit diesem Buch liegt nun erstmalig eine umfassende Darstellung der Transite des Schwarzen Mondes vor. Es werden alle Transite Liliths zu den Planeten beschrieben sowie die Übergänge der langsamen Planeten über den Schwarzen Mond. Außerdem wird der Transit Liliths durch die einzelnen Häuser und über die Hauptachsen gedeutet. Durch die Gefühle, die uns diese Transite vermitteln, werden wir die Fassade, hinter der wir uns verstellen, nicht mehr brauchen und lernen, mit unseren Mängeln umzugehen.

Die Autorin schöpft aus den Erfahrungen ihrer langjährigen deutungs-praktischen Beschäftigung mit Lilith. Und so kann uns das Buch vielleicht wahrhaftig dazu verhelfen, hinter die Fassade unserer vermeintlich intakten Erlebniswelt zu sehen. *merCur*

Standardwerke der Astrologie

INGRID ZINNEL

Familienkonstellationen im Horoskop

Verstrickungen und Lösungen aus astrologischer Sicht
264 Seiten, kartoniert, 10 Abbildungen

ISBN 3-925100-938

Das Buch von Ingrid Zinnel bietet eine Zusammenführung der Astrologie mit der Arbeit des Familienstellens nach Bert Hellinger. Auf einfühlsame Weise ermöglichst sie den Lesern, systemische Strukturen im Horoskop zu erkennen und Familienkonstellationen zu erforschen. Dabei ist es ihr wichtig, nicht nur Verstrickungen aus dem Horoskop herauszulesen, sondern auch gleichzeitig Lösungswege aufzuzeigen. In einem einleitenden Kapitel werden zunächst die Grundsätze der systemischen Familientherapie erläutert. Anschließend wird das Horoskop als Familienbild aufgeschlüsselt. Dabei stellt die Autorin die Planeten als Symbole ins Zentrum einer Analogiekette. So lassen sich beispielsweise Verstrickungen anhand der Pluto-Stellung erkennen. Neptun verweist auf Familiengeheimnisse und Bindungen aus dem Jenseits, Uranus auf die Ausgegrenzten innerhalb der eigenen Sippe. Der Autorin ist es aber auch wichtig, nicht nur Verstrickungen herauszulesen. Vielmehr zeigt sie dem Leser immer auch Lösungswege und gibt Anweisungen für Lösungs-Rituale.

Ein wertvolles Buch für alle Leser, die den Schatz der Familiengeschichte und ihrer Herkunft mit Hilfe der Astrologie ausgraben, verstehen und bearbeiten möchten. *Meridian*